U0102900

历代碑帖法书选

漢袁安袁敞碑

（修订版）

文物出版社

图书在版编目（CIP）数据

汉袁安袁敞碑 / 《历代碑帖法书选》编辑组编. -- 修订本. -- 北京 ：文物出版社，2016.5（2023.11重印）
（历代碑帖法书选）
ISBN 978-7-5010-4570-9

I.①汉… II.①历… III.①篆书－碑帖－中国－汉代 IV.①J292.22

中国版本图书馆CIP数据核字（2016）第072816号

汉袁安袁敞碑（修订版）

编　　者：《历代碑帖法书选》编辑组

责任编辑：李　穆
再版编辑：张朔婷
责任印制：王　芳
出版发行：文物出版社
社　　址：北京市东城区东直门内北小街2号楼
邮政编码：100007
网　　址：http：//www.wenwu.com
经　　销：新华书店
印　　刷：河北鹏润印刷有限公司
开　　本：787mm×1092mm　1/16
印　　张：3.5
版　　次：2016年5月第1版
印　　次：2023年11月第2次印刷
书　　号：ISBN 978-7-5010-4570-9
定　　价：20.00元

本书版权独家所有，非经授权，不得复制翻印

漢袁安碑

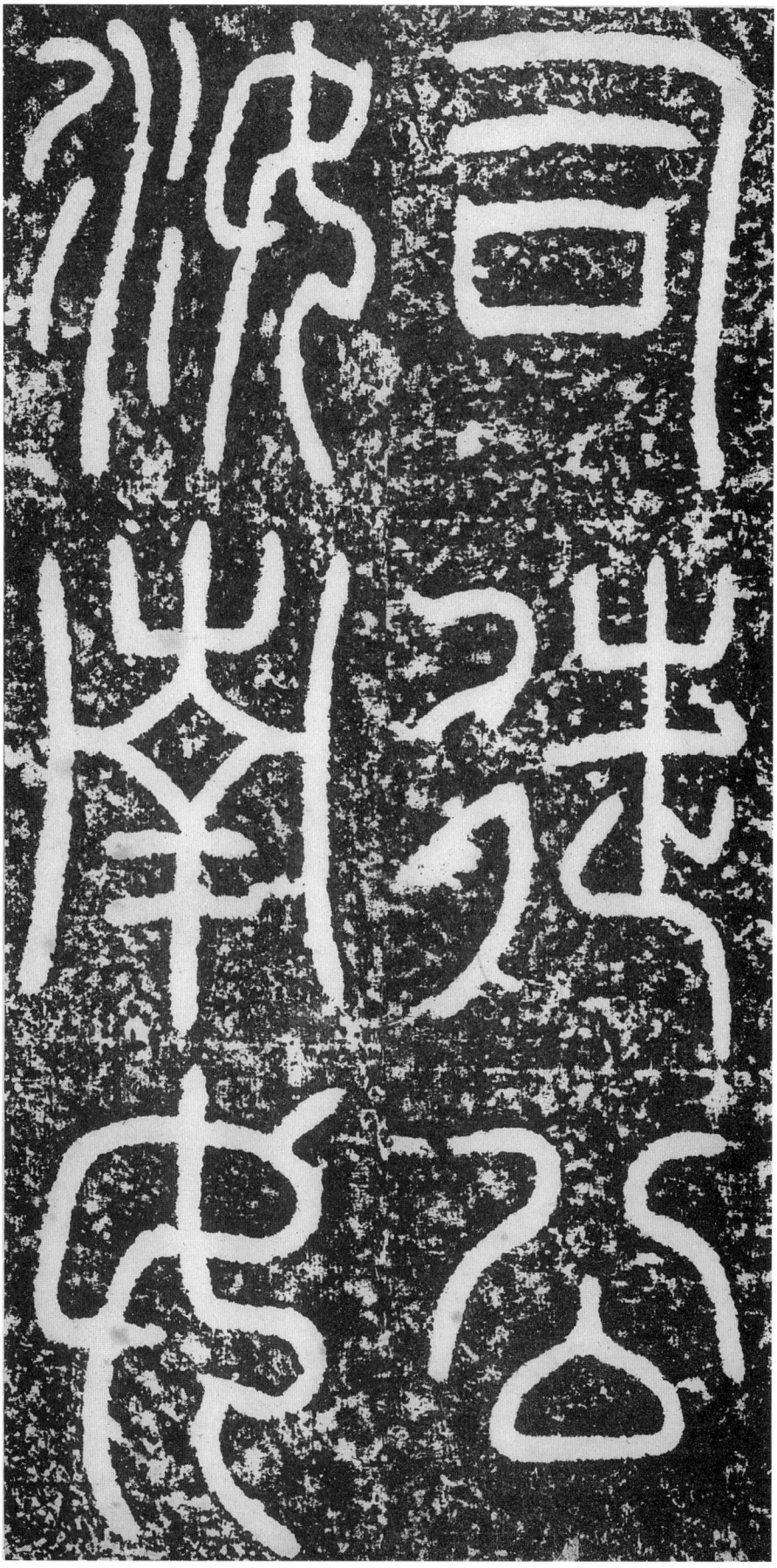

司徒公汝南女（汝）

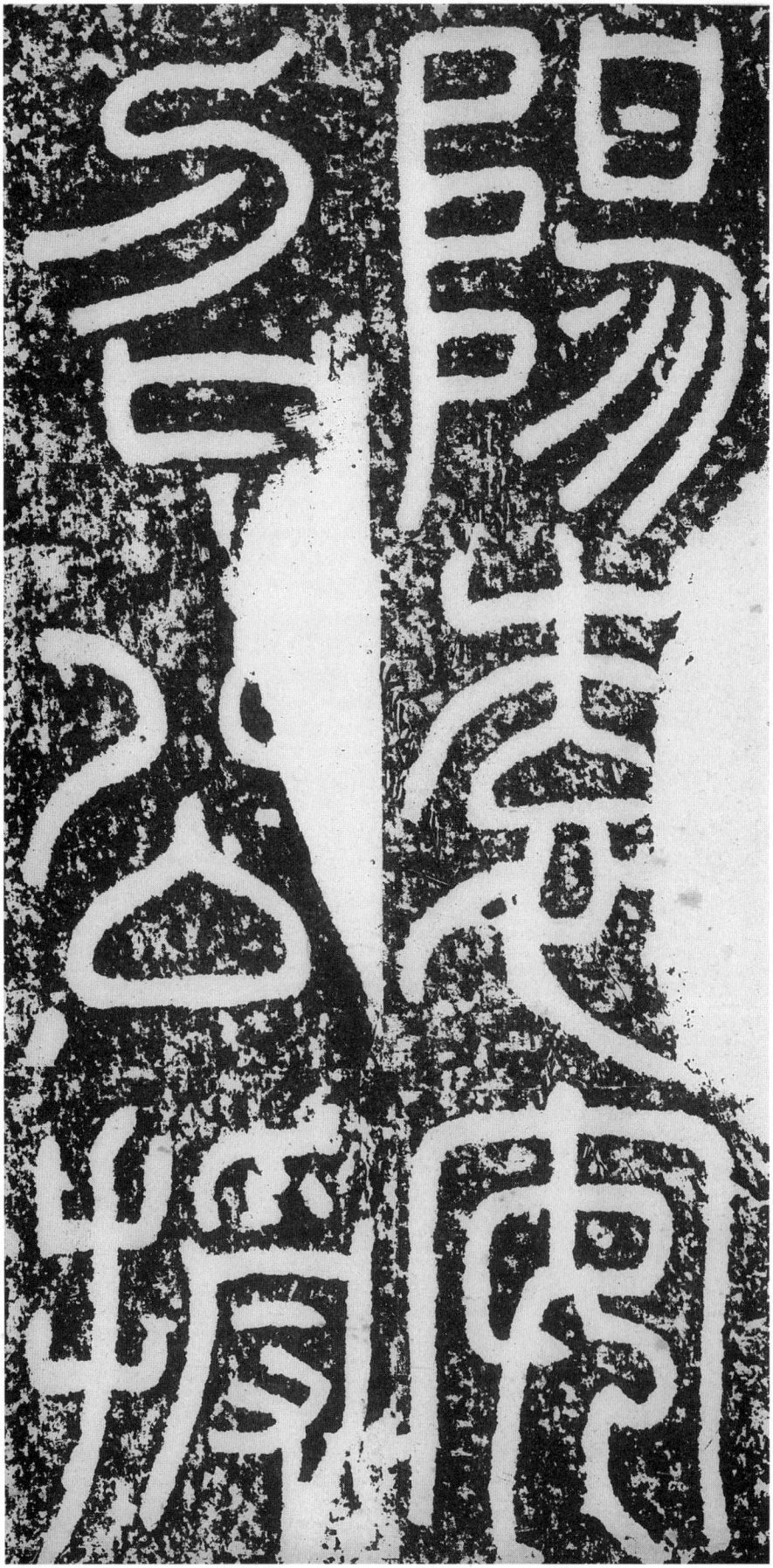

陽袁安召公。授

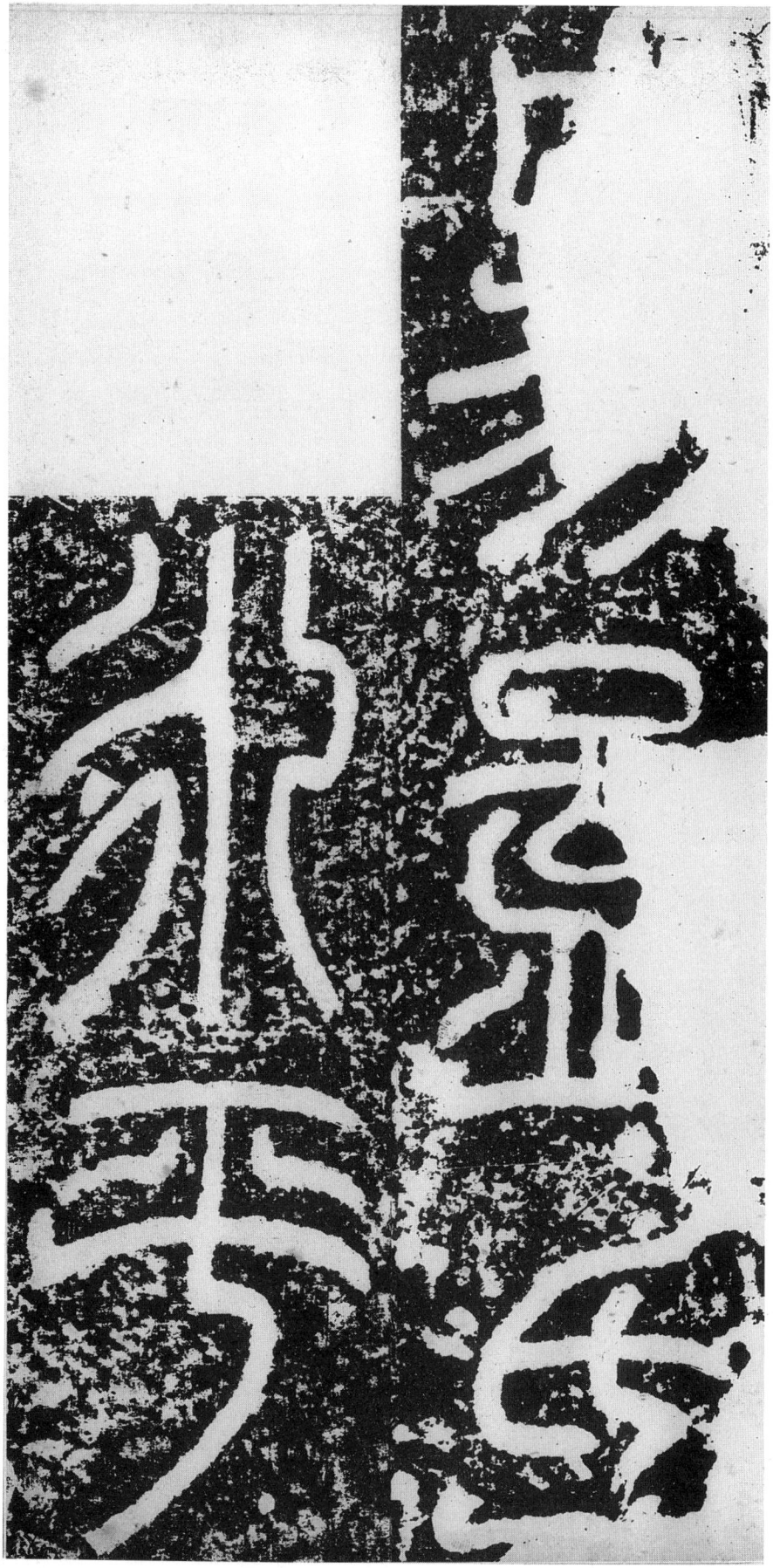

《易》孟氏(学)。永平

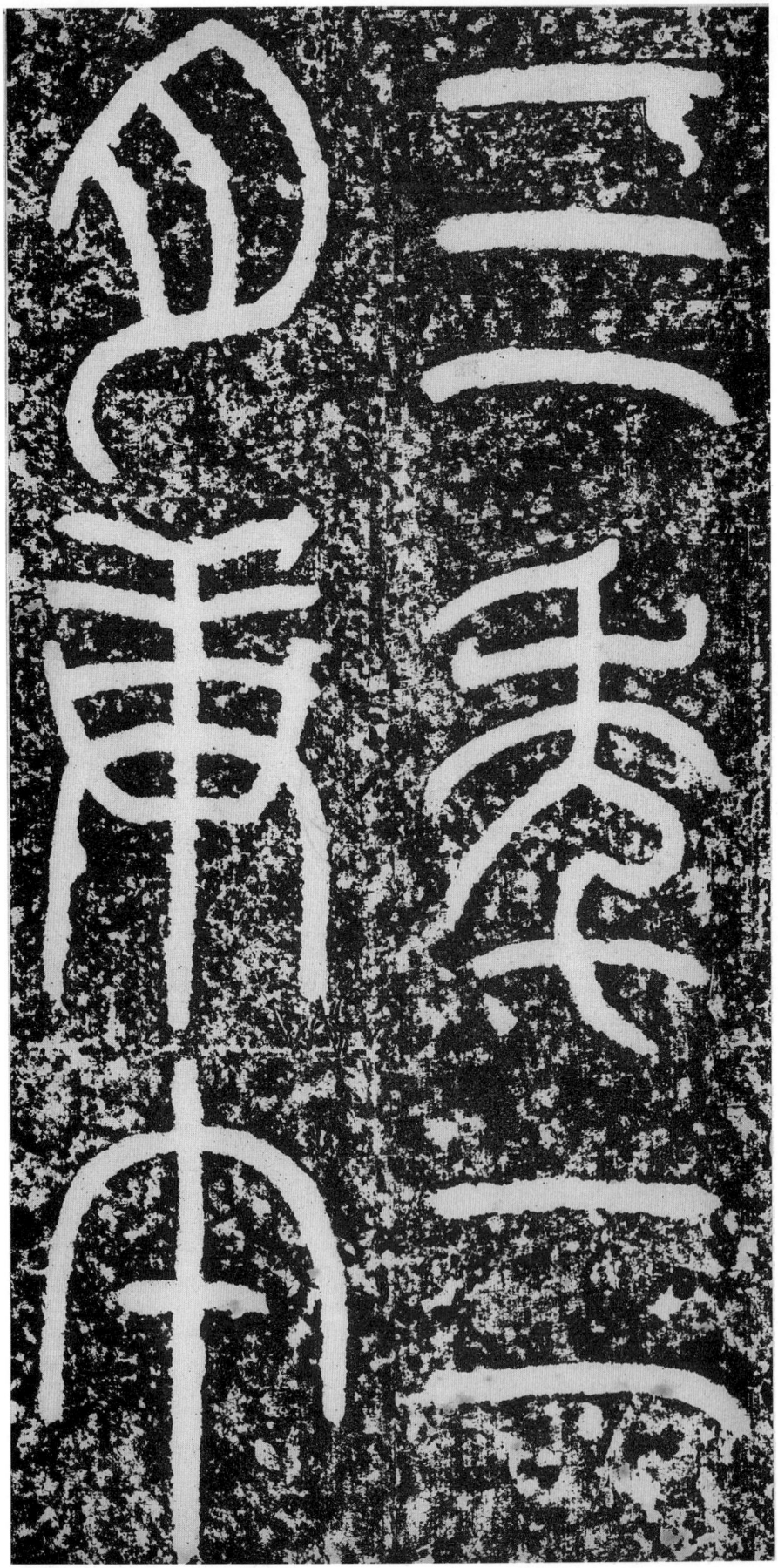

三年二月庚午

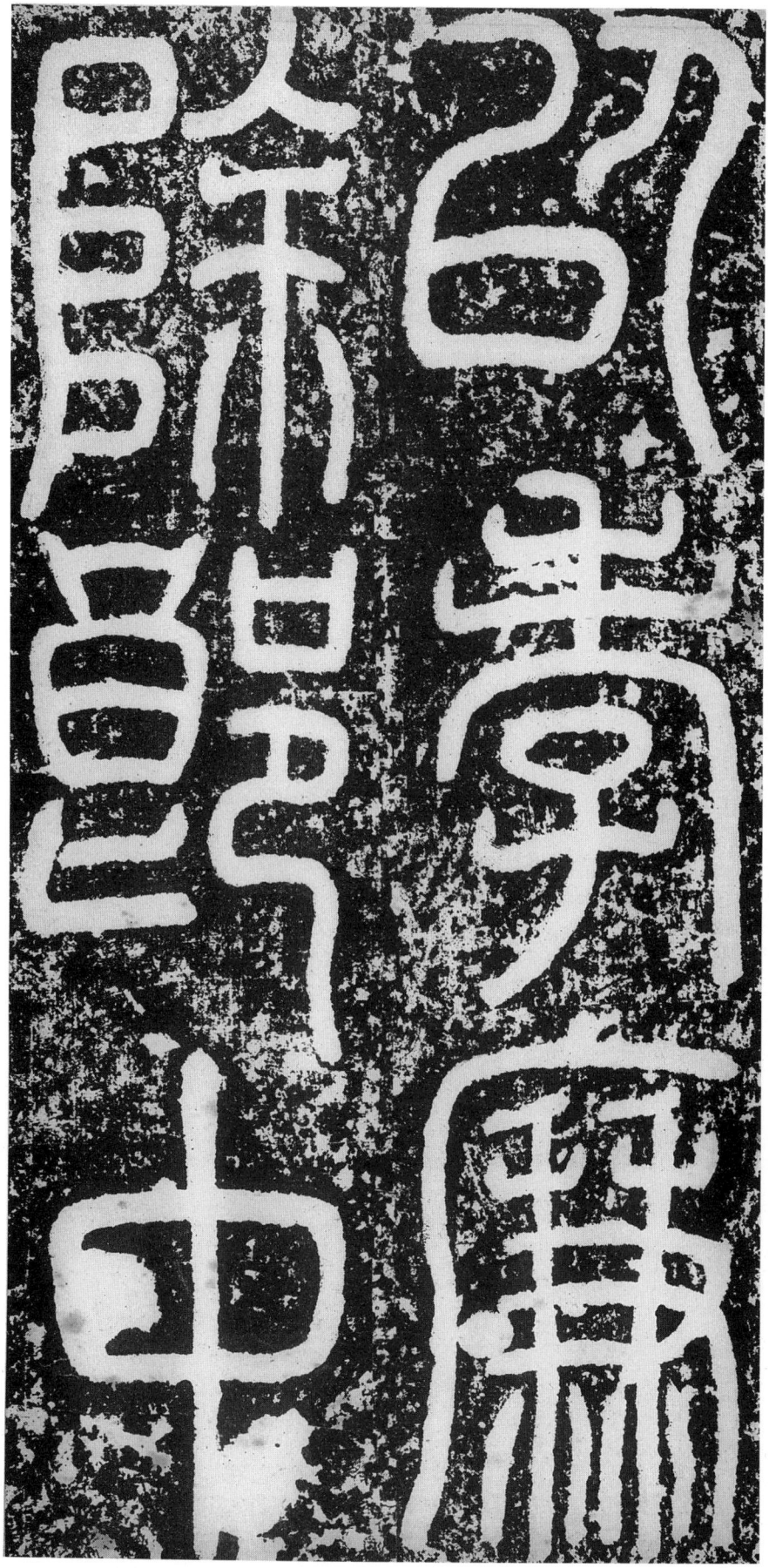

以孝廉除郎中。

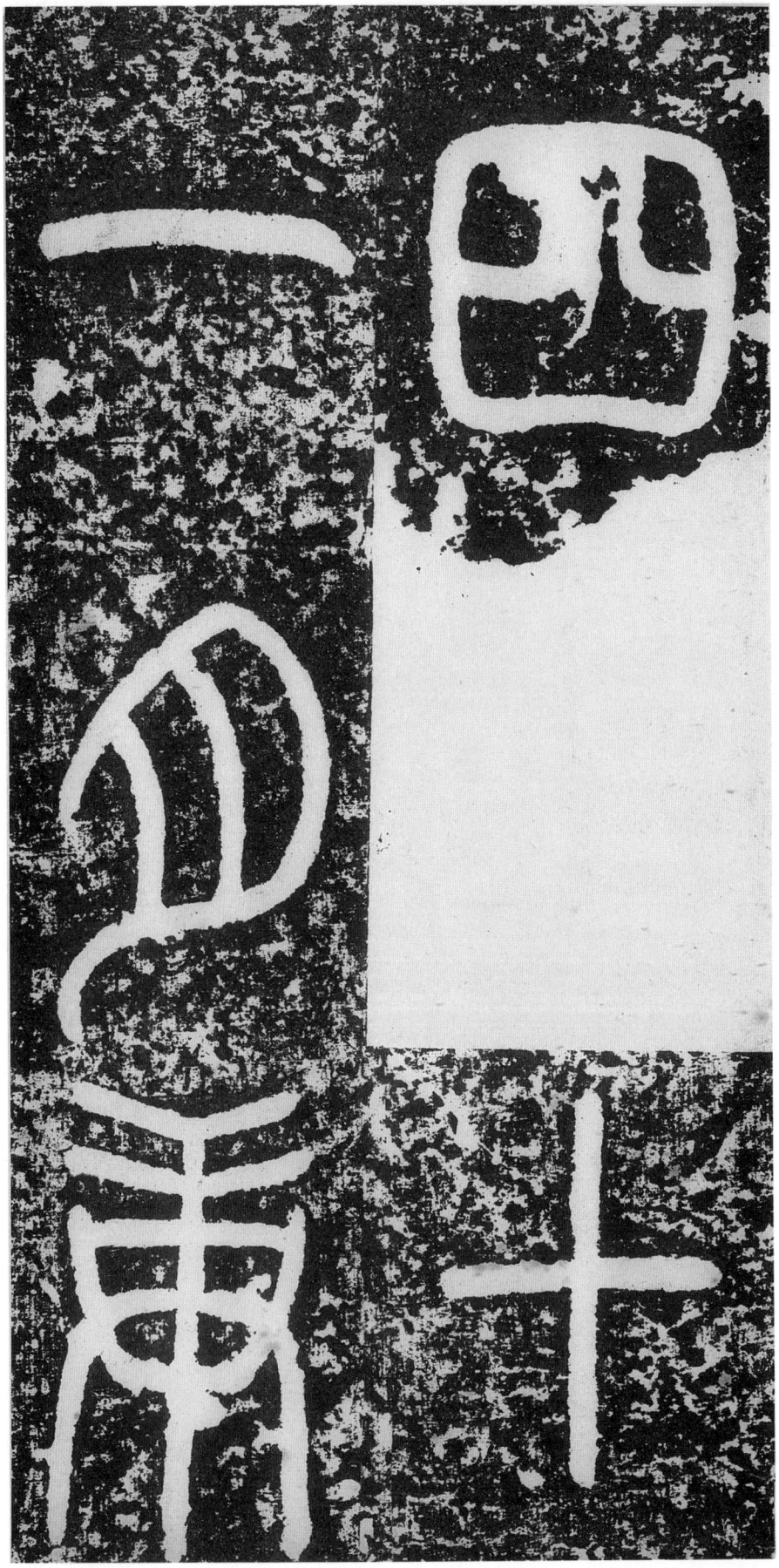

四(年)十一月庚

午除给事谒者。

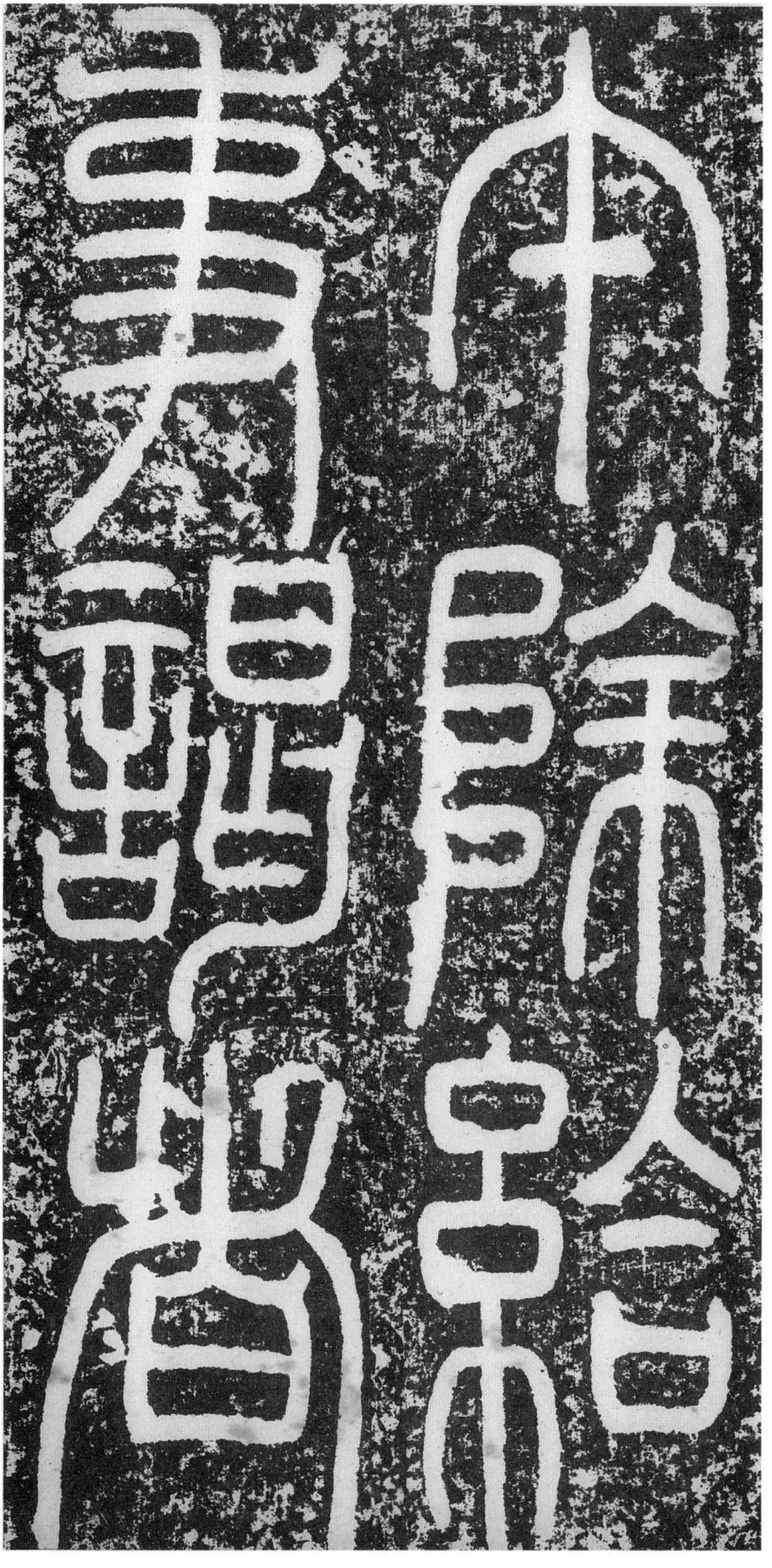

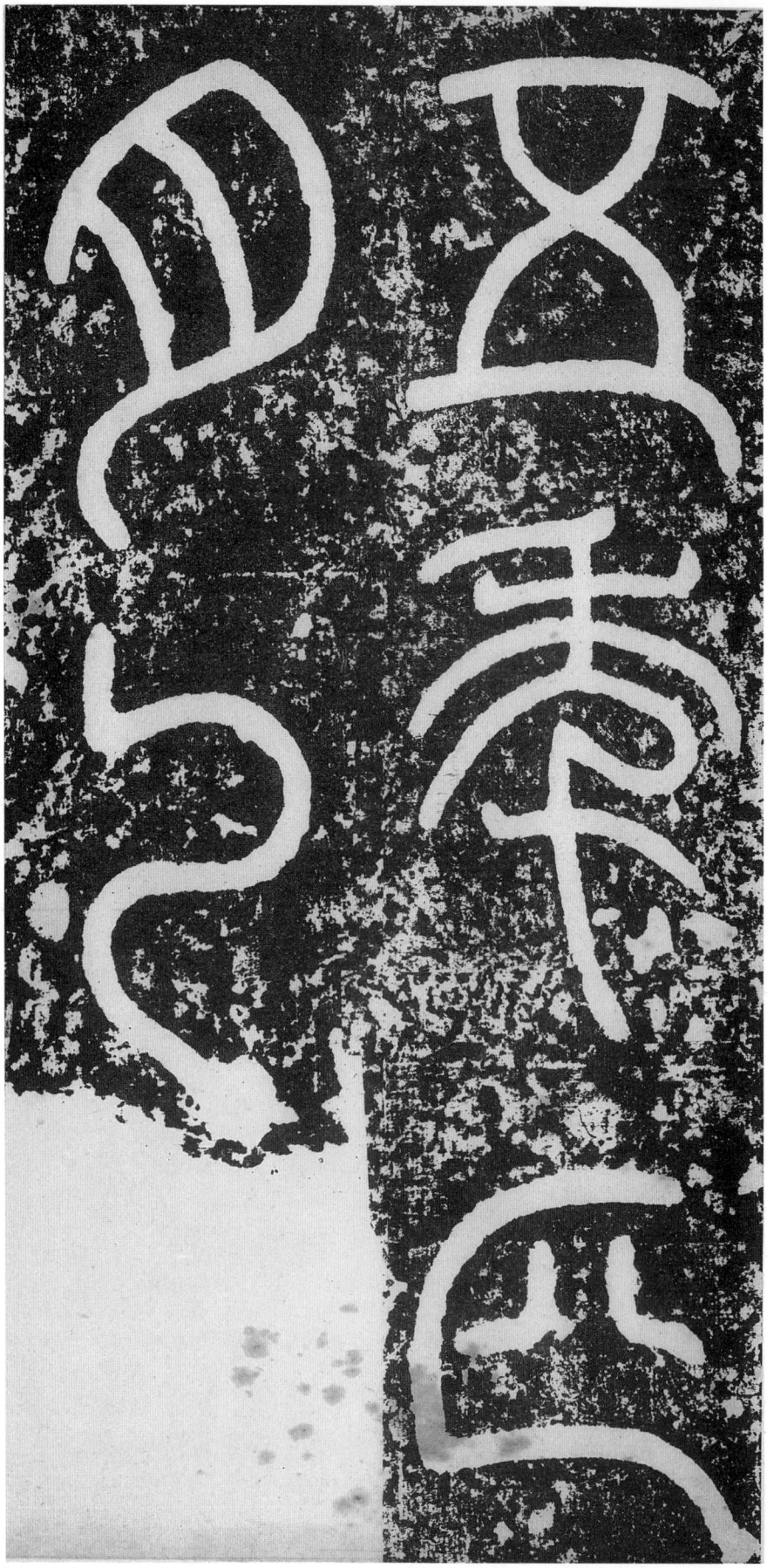

五年四月乙(亥)

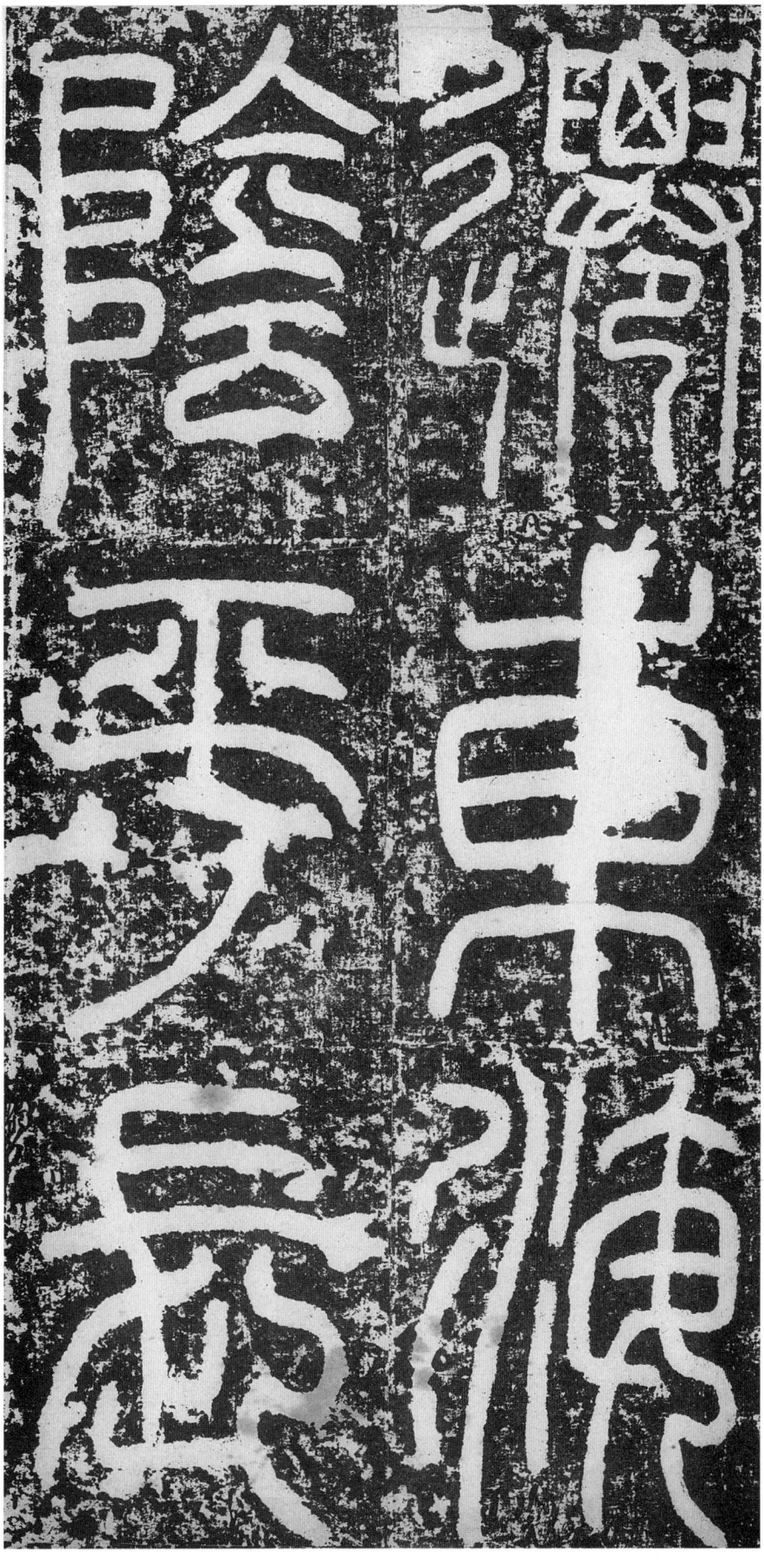

迁东海阴平长。

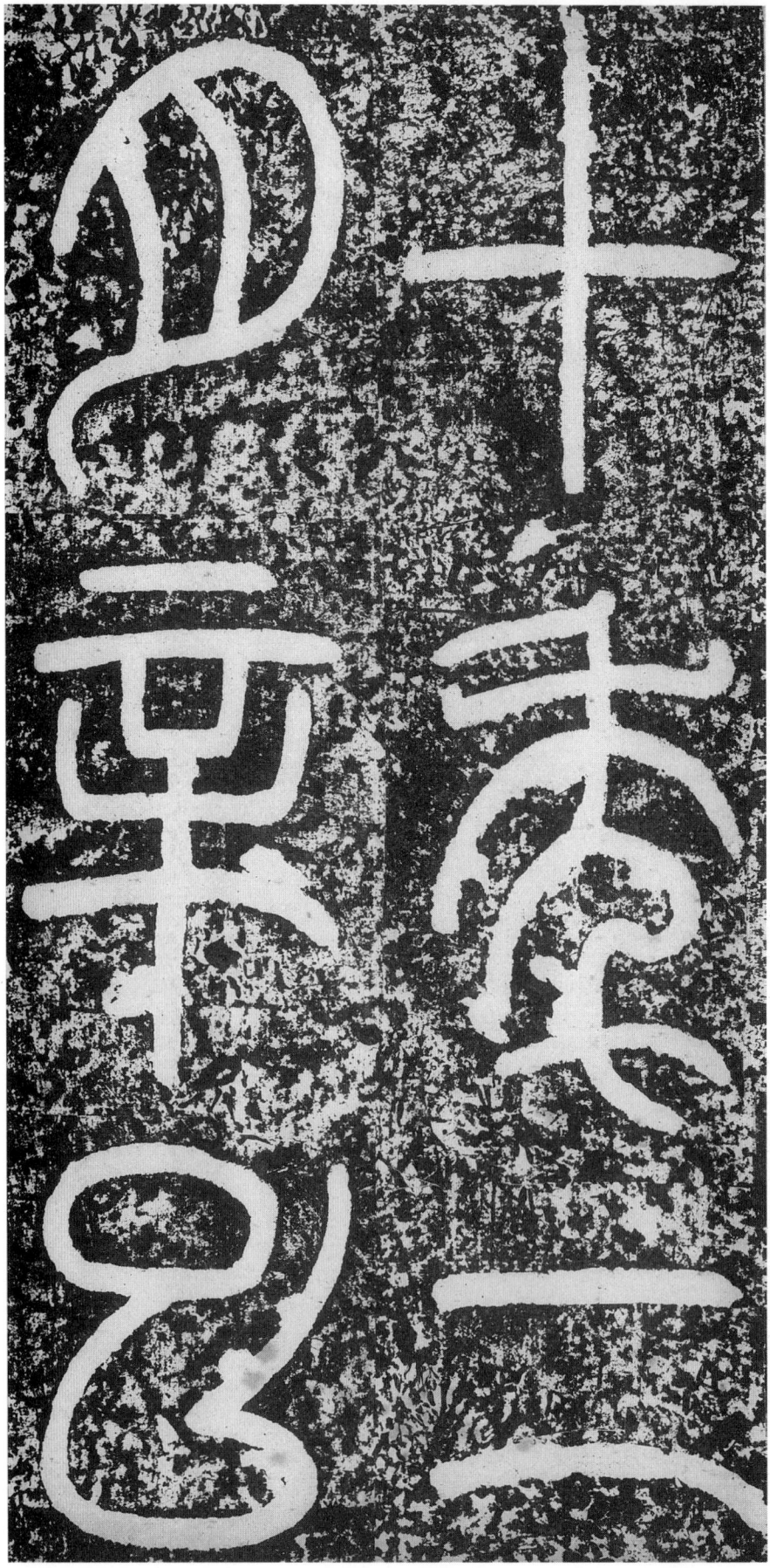

十年二月辛巳

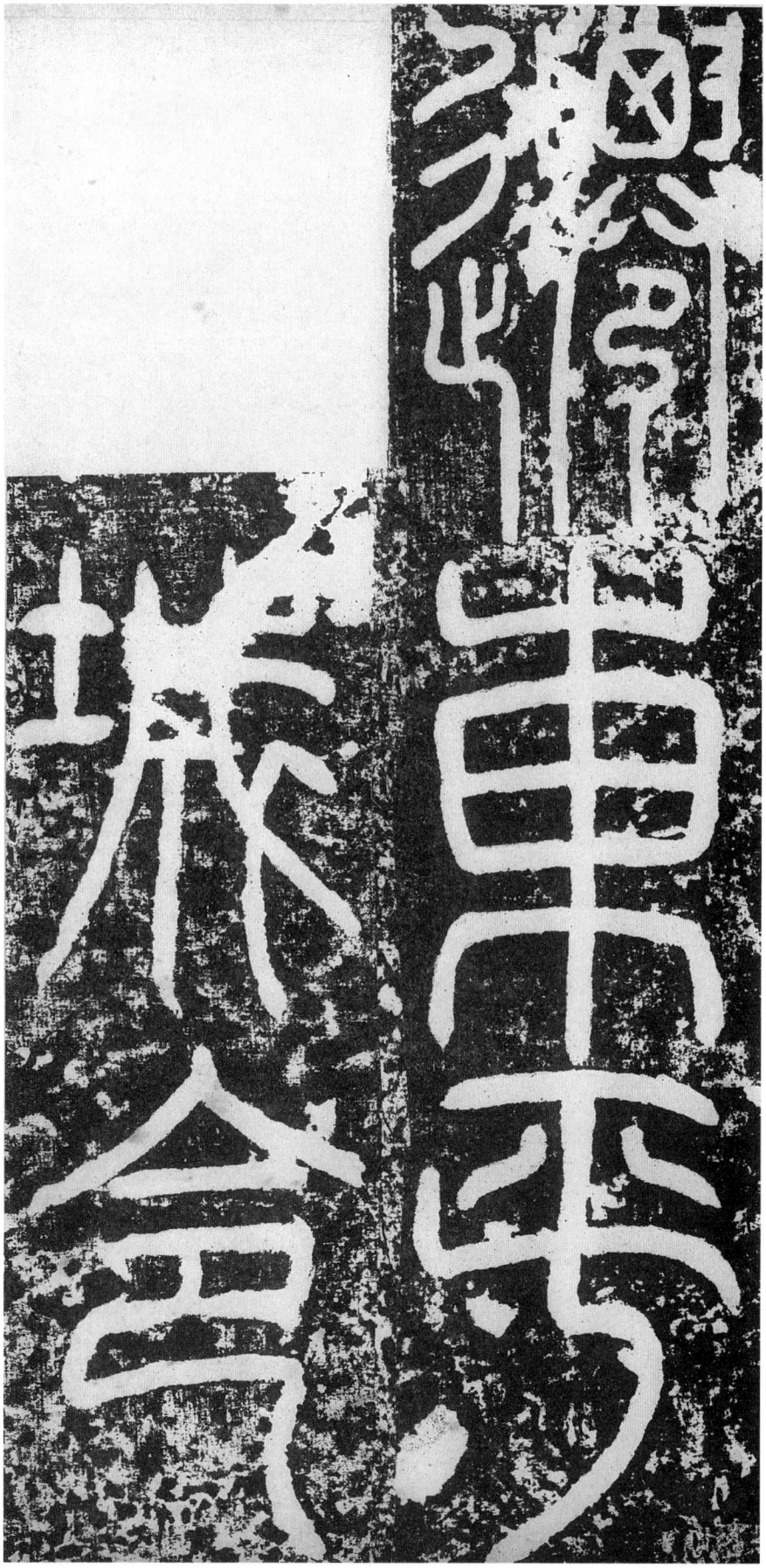

迁东平(任)城令。

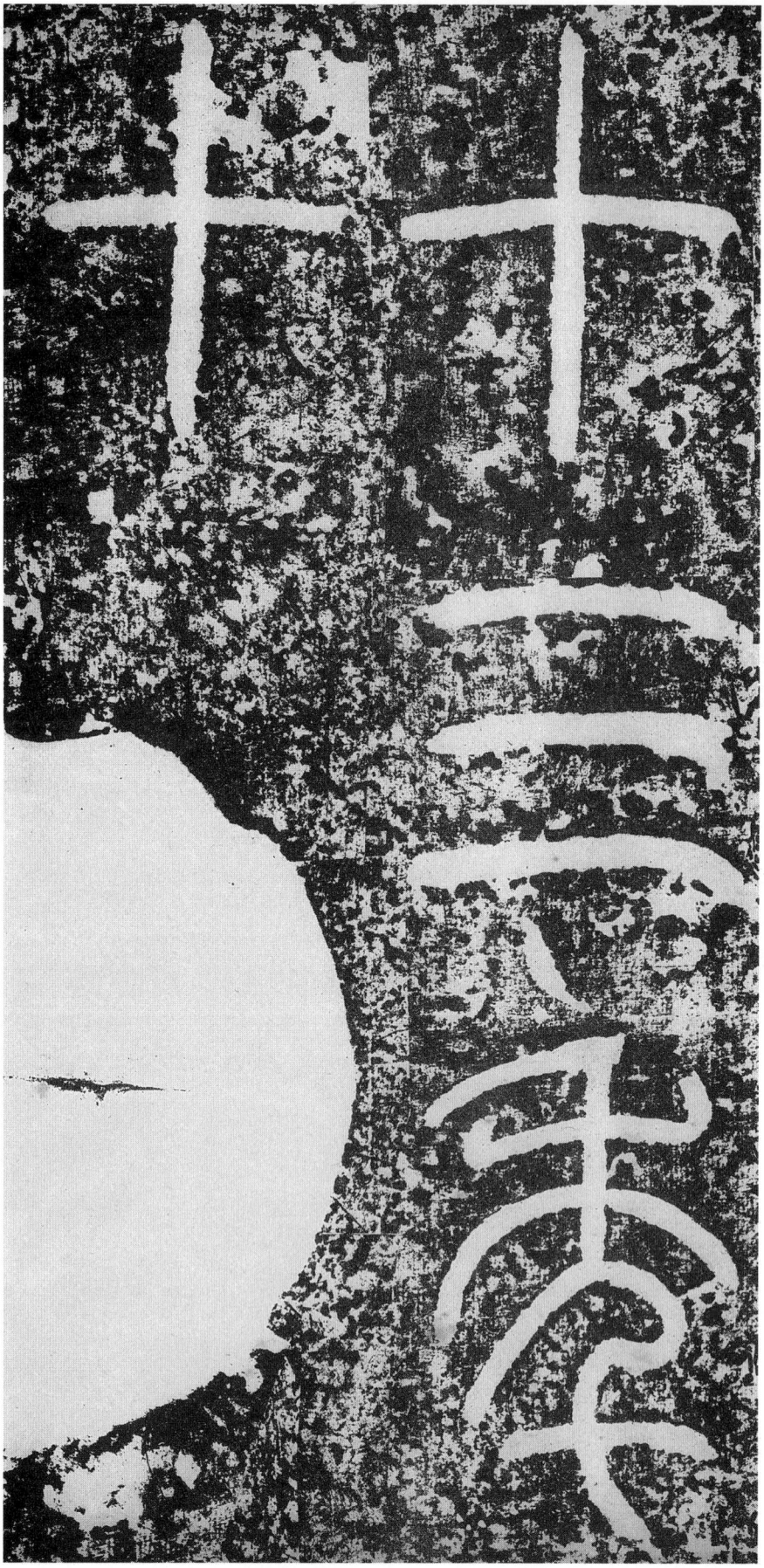

十三年十

二月丙辰拜楚

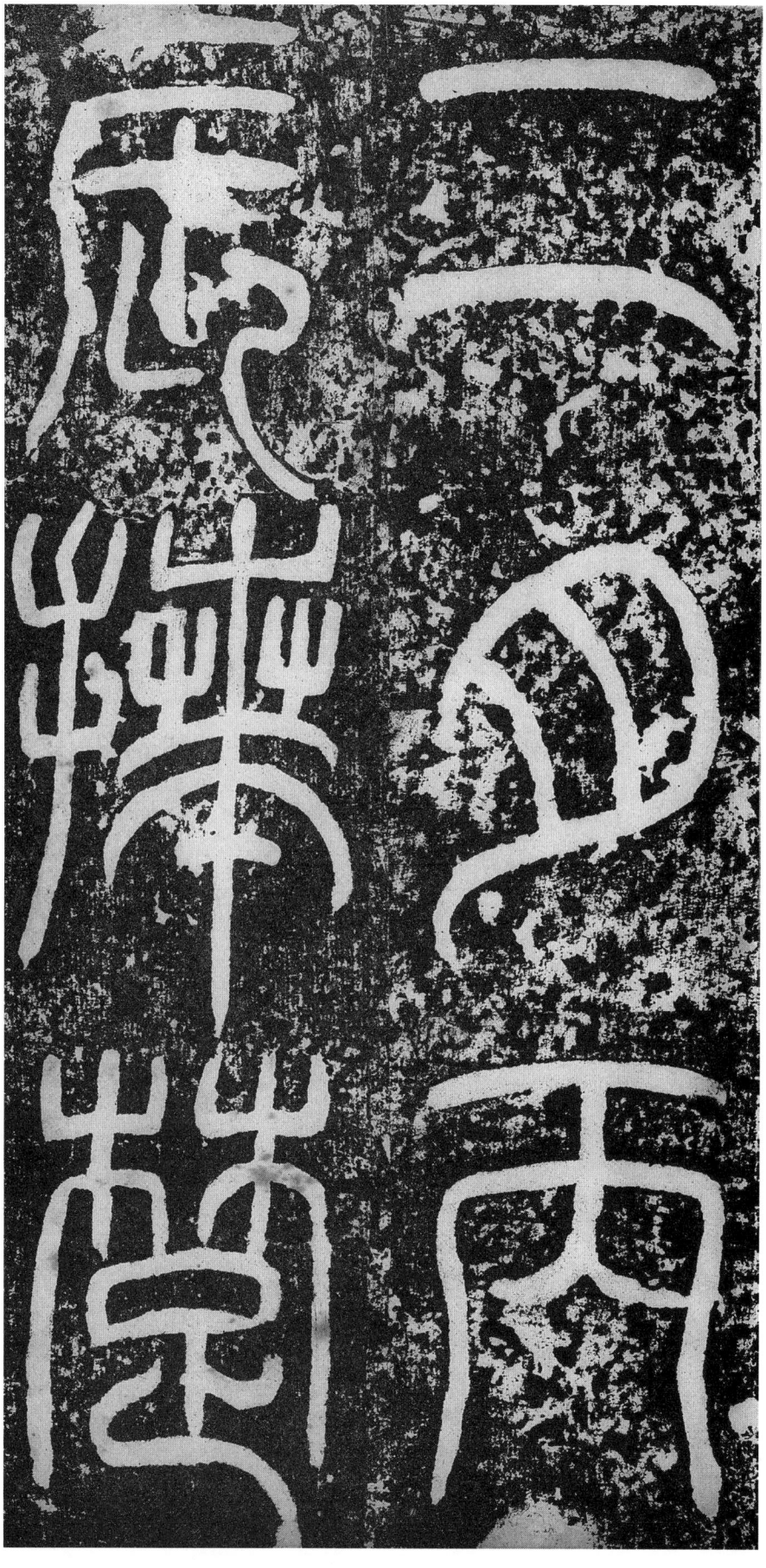

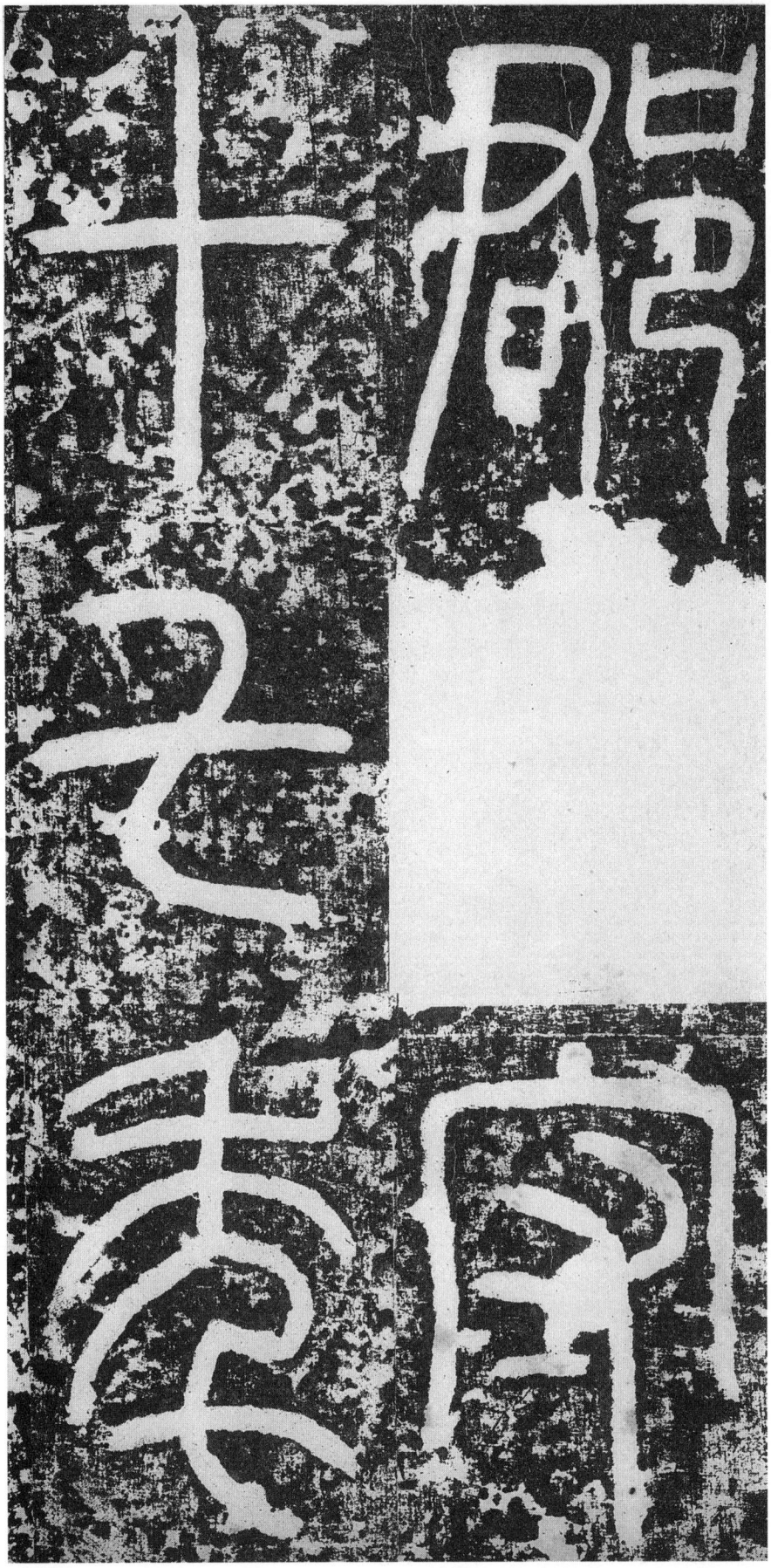

郡(太)守。十七年

八月庚申

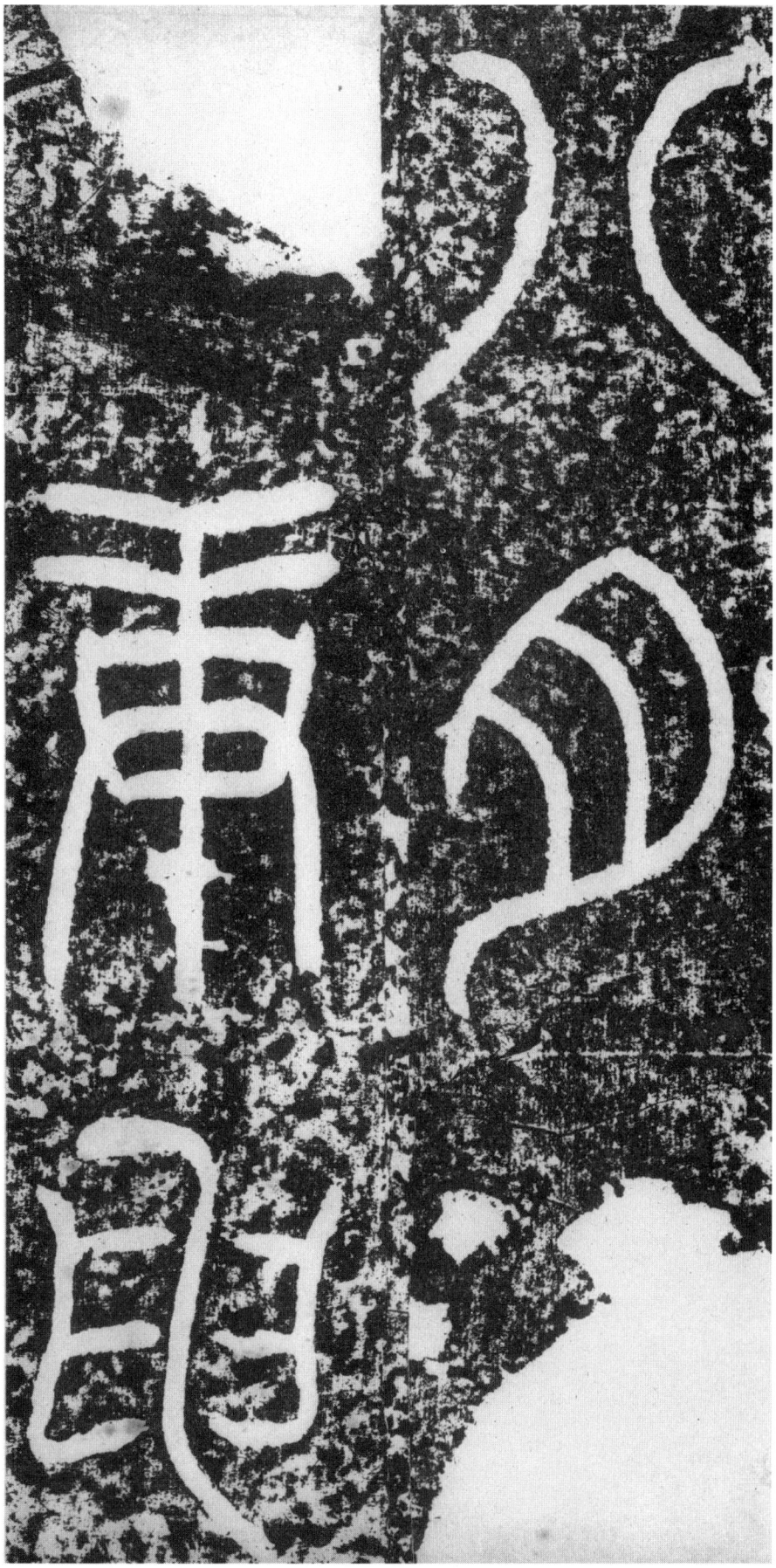

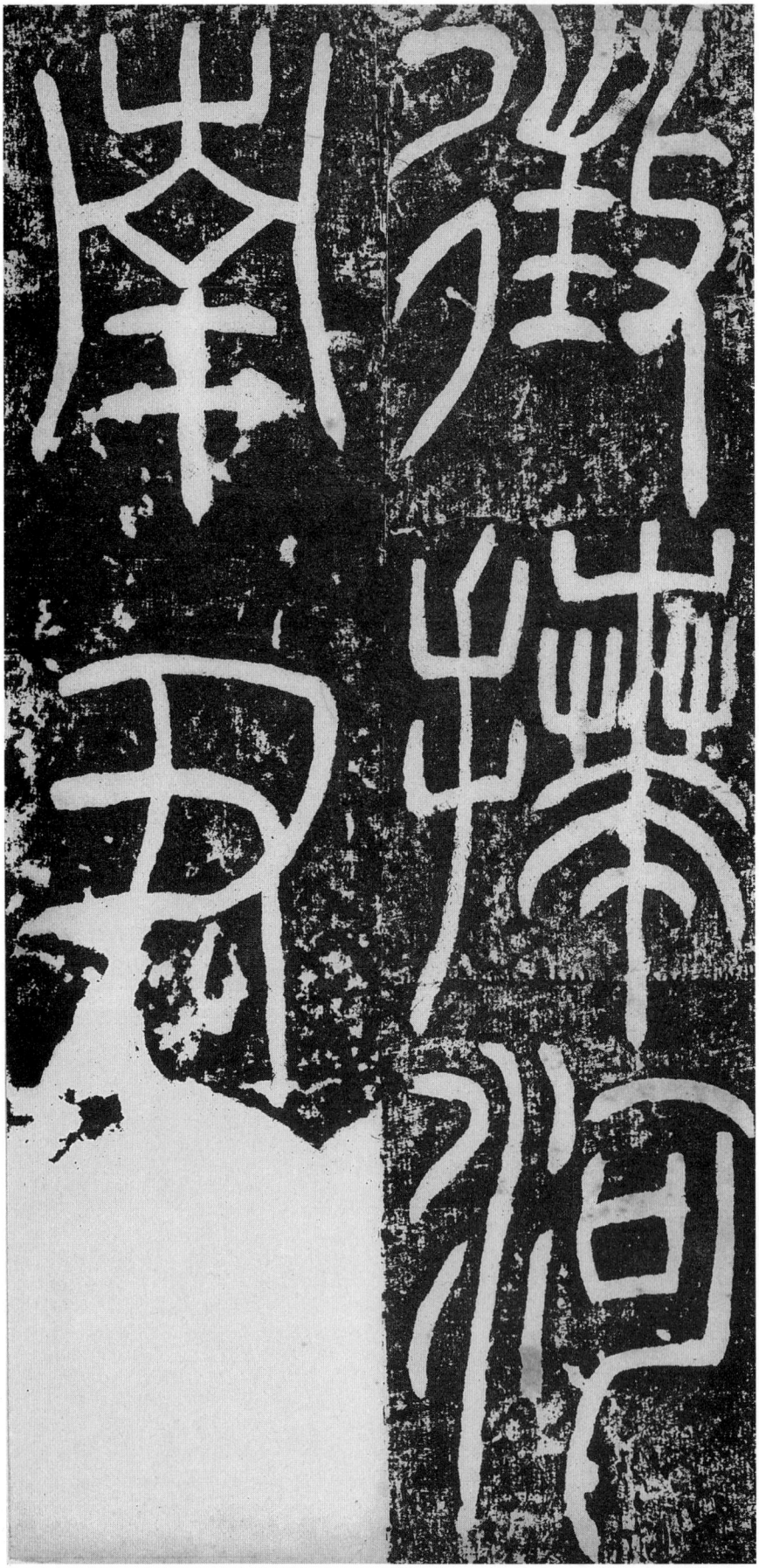

征拜河南尹。（建）

初八年六月丙

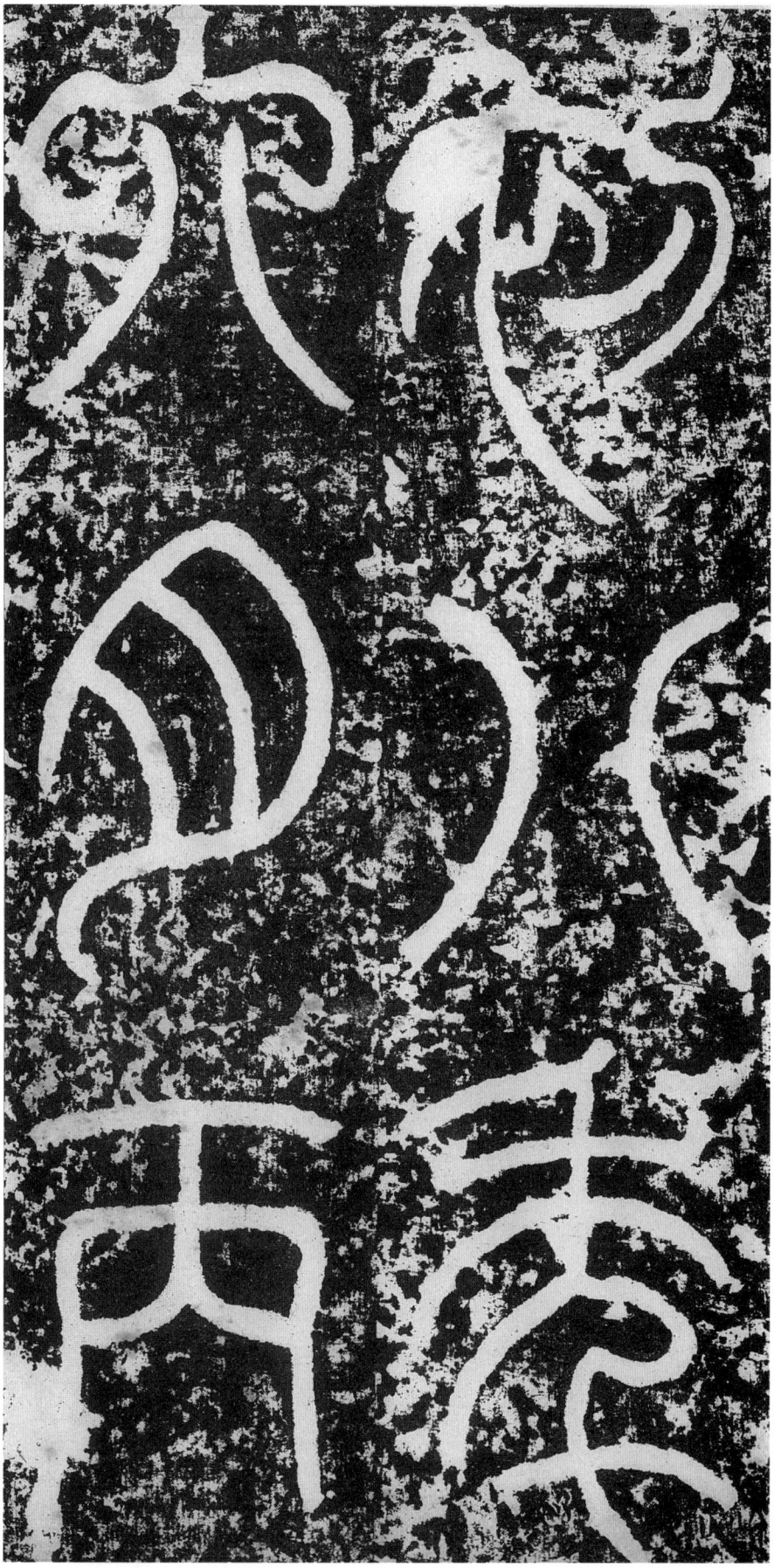

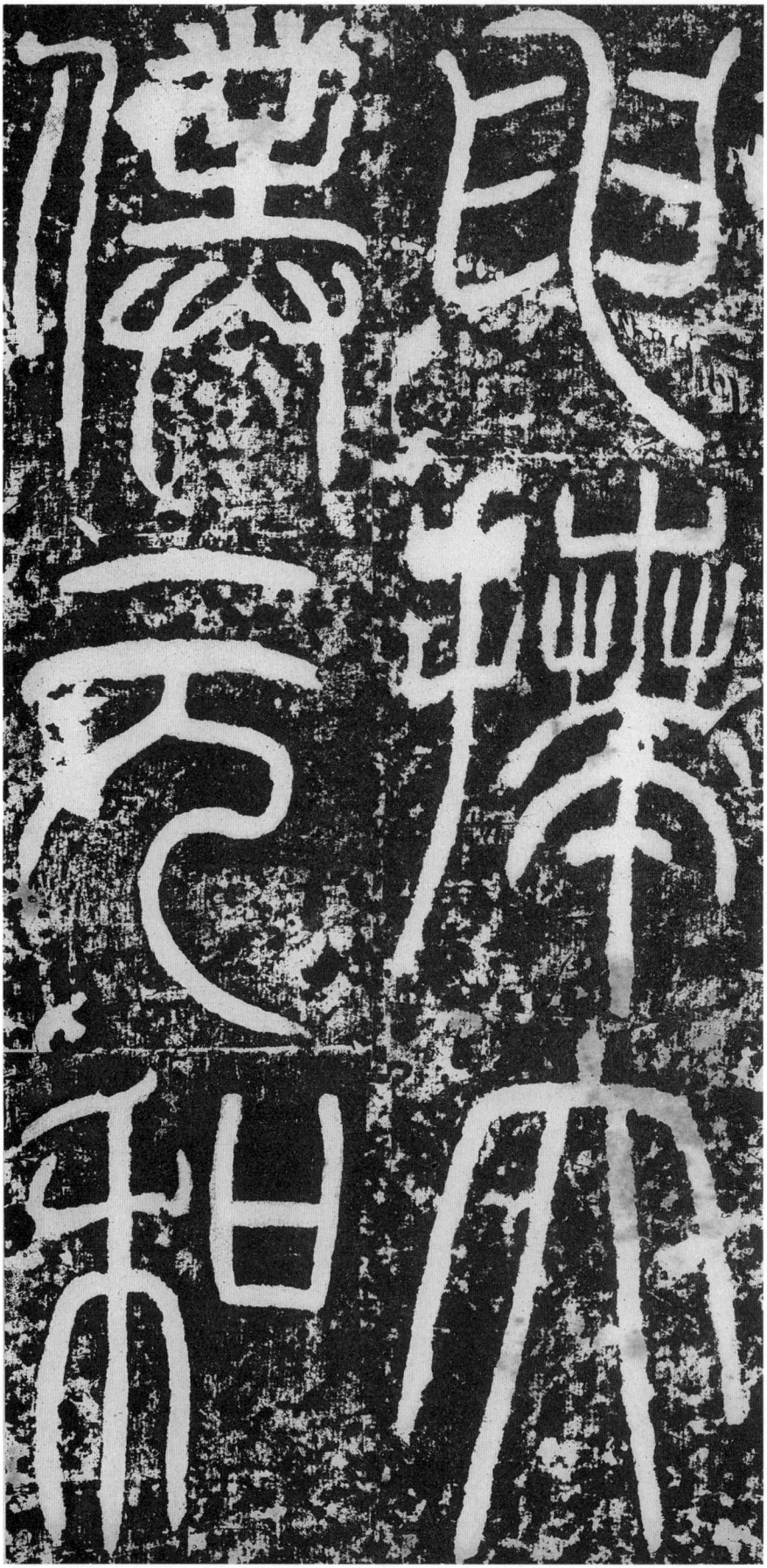

申拜太仆。元和

三年五(月)丙子

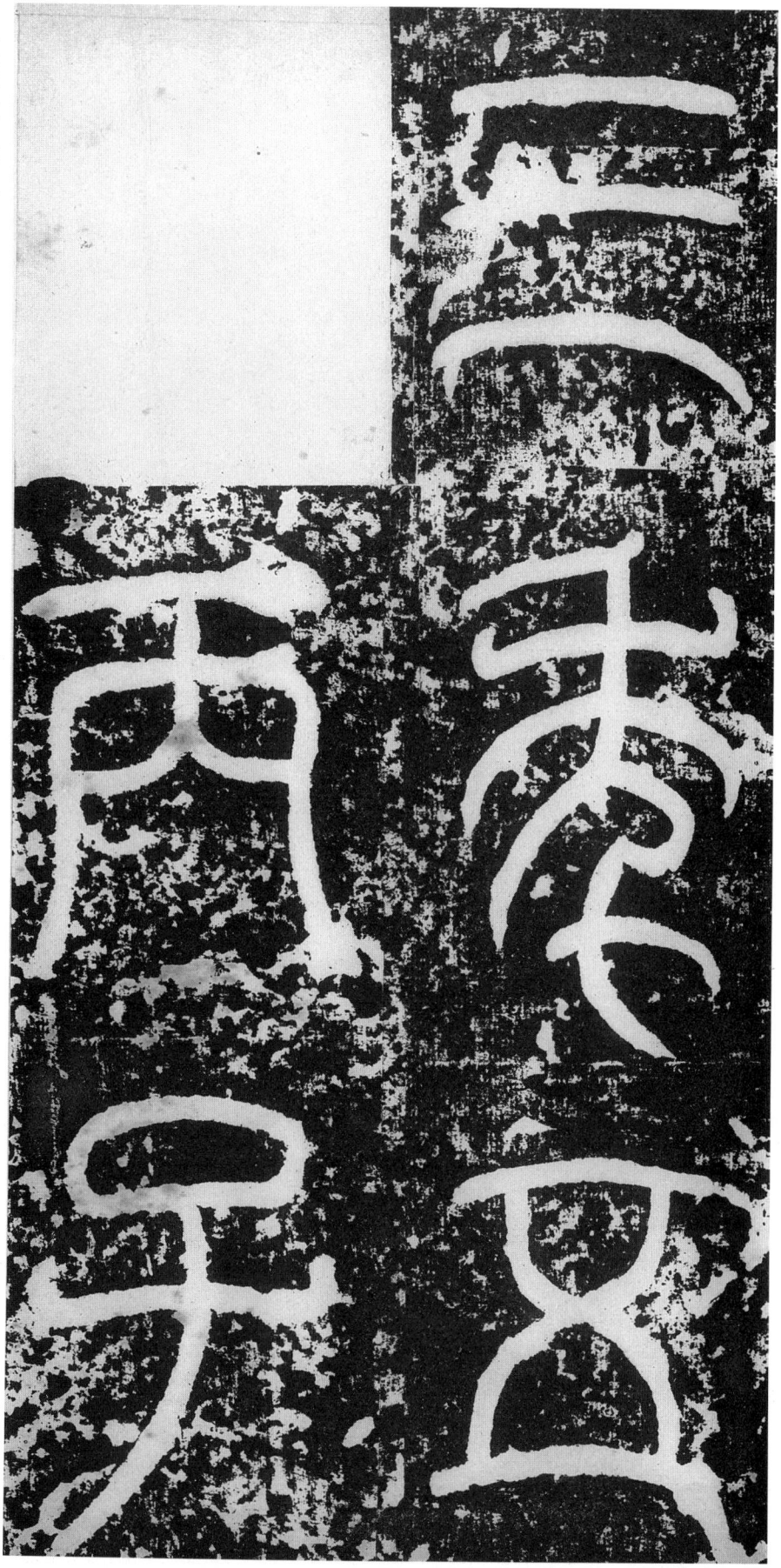

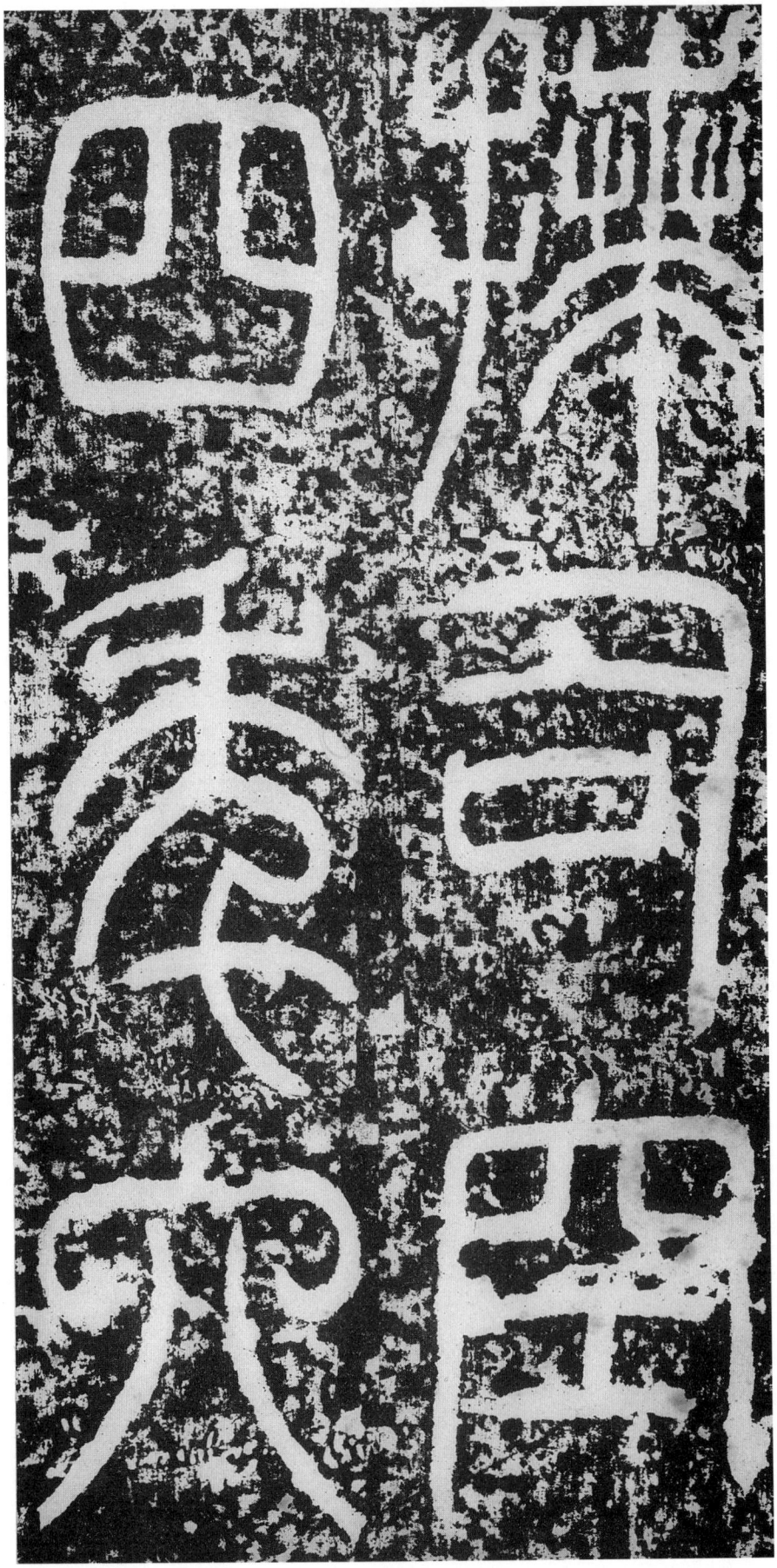

拜司空。四年六

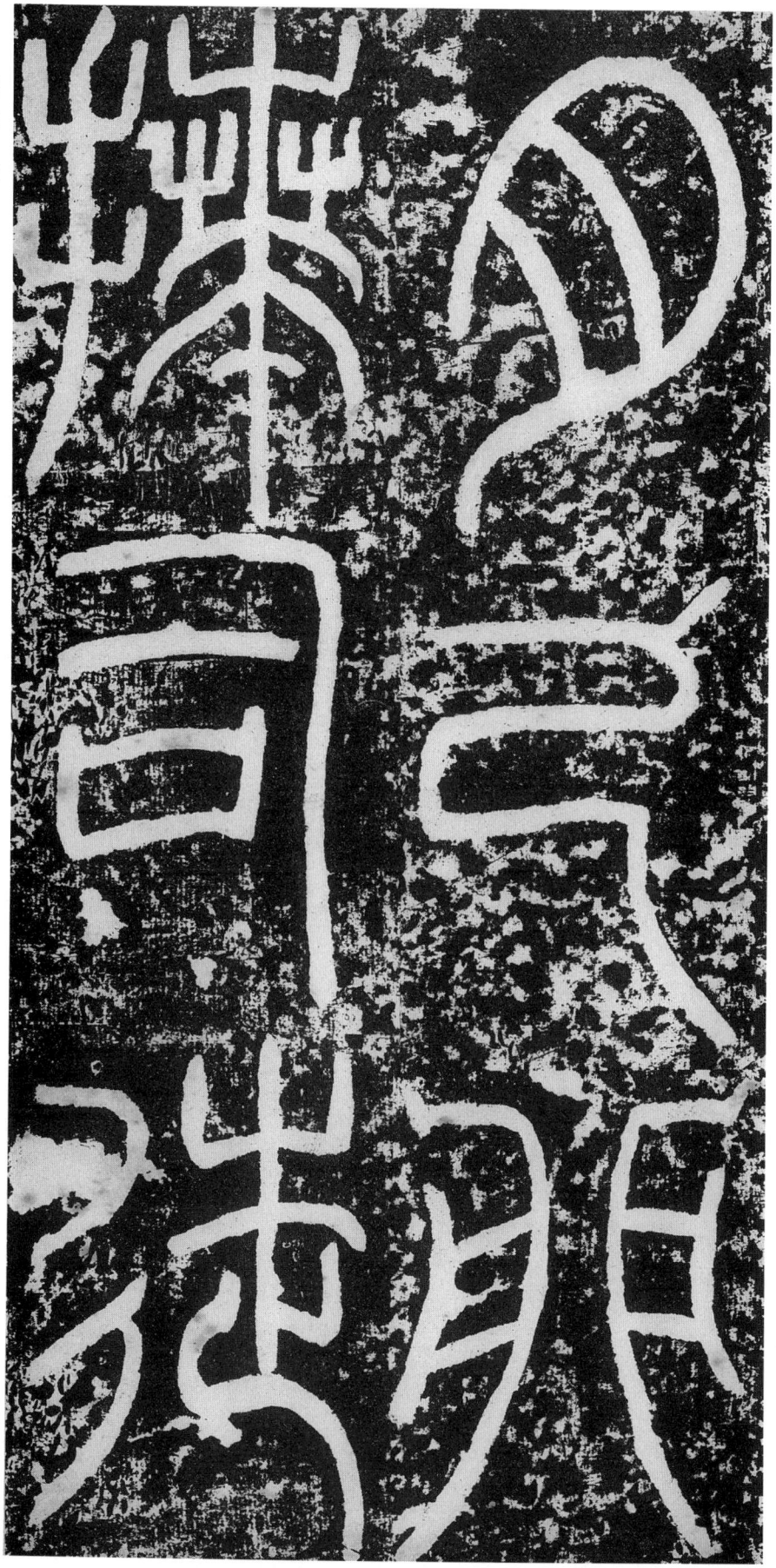

月己卯拜司徒。

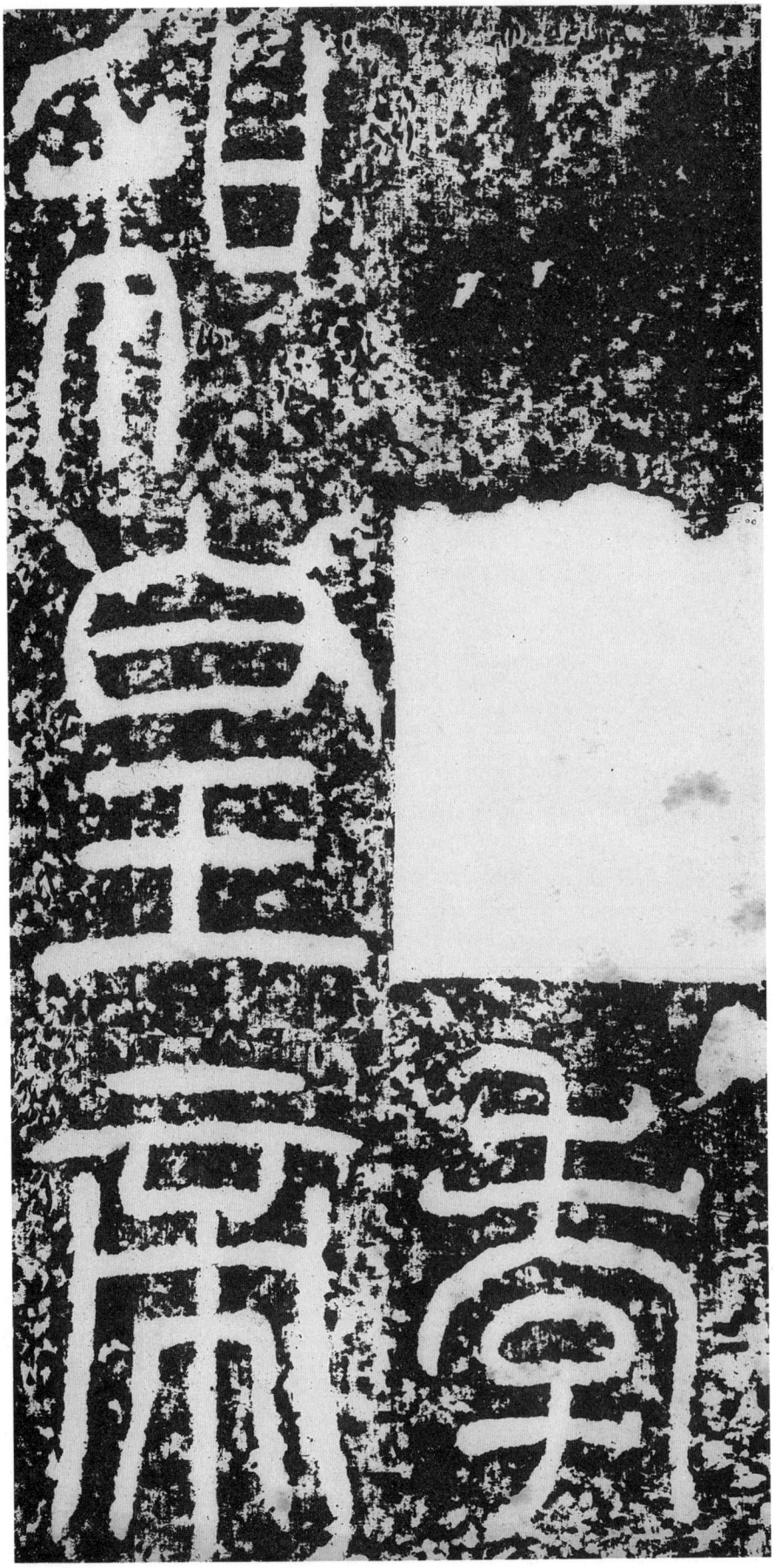

孝和皇帝

加元服，诏公为

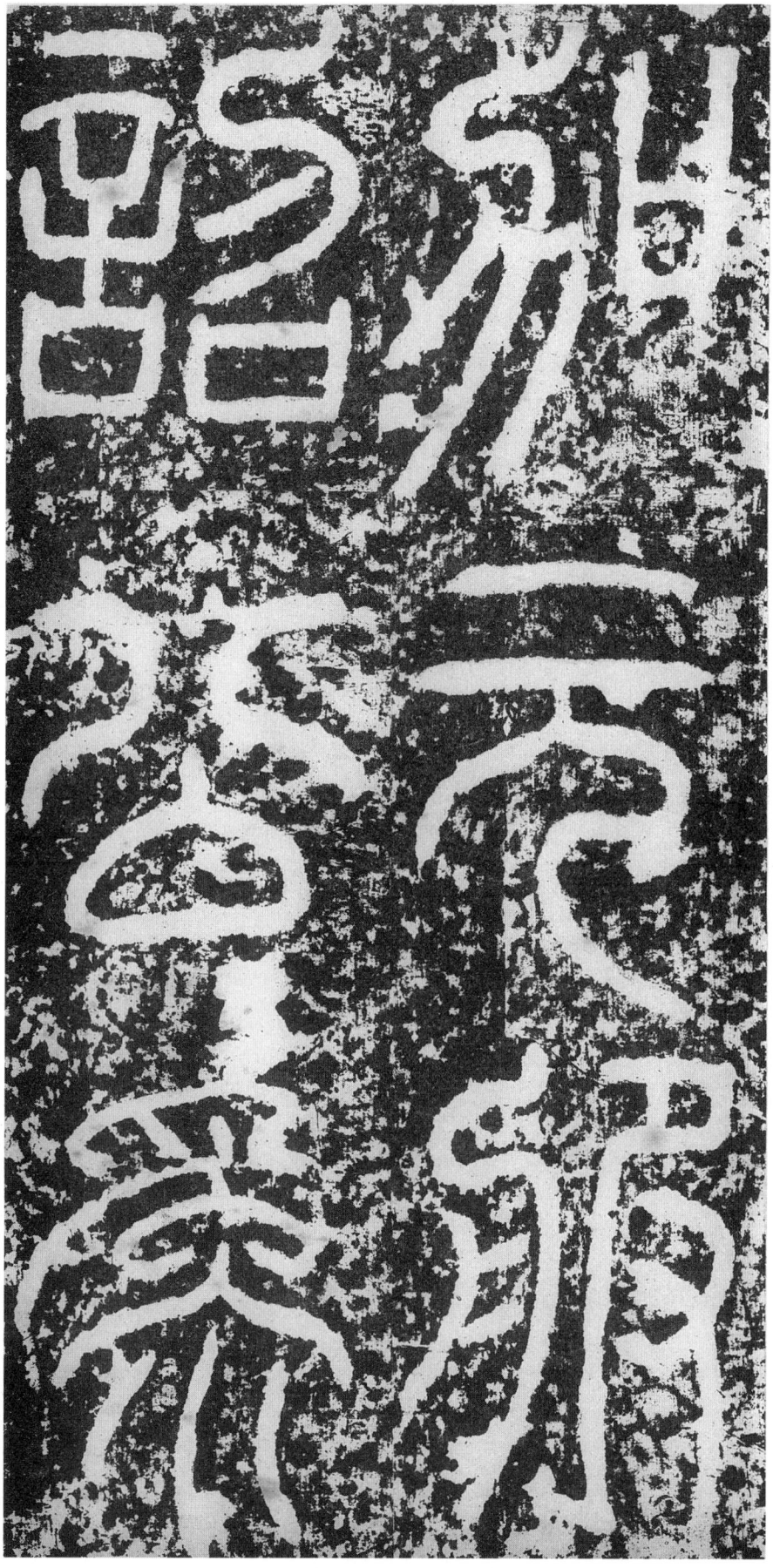

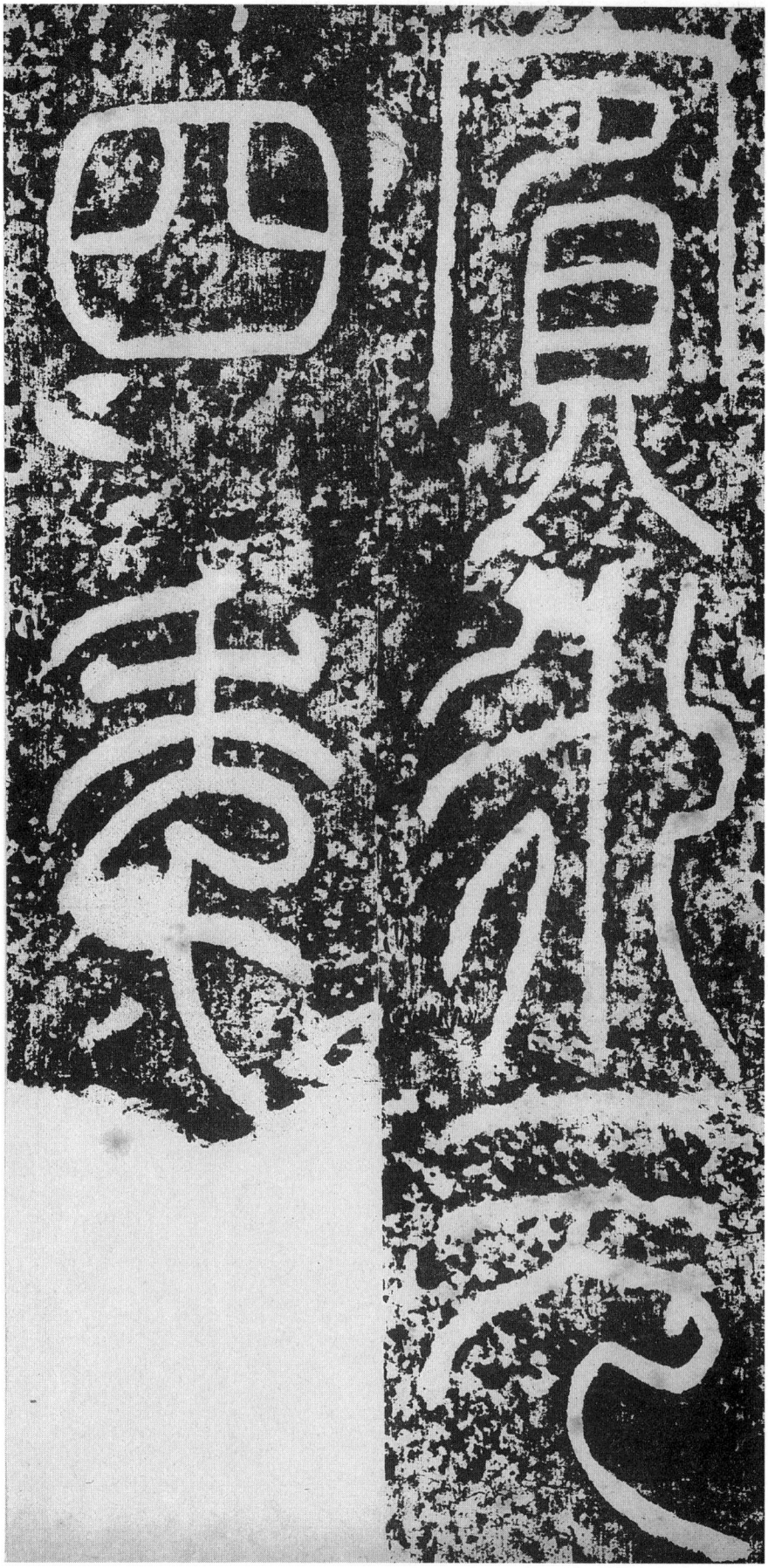

宾。永元四年（三）

月癸丑薨。閏月

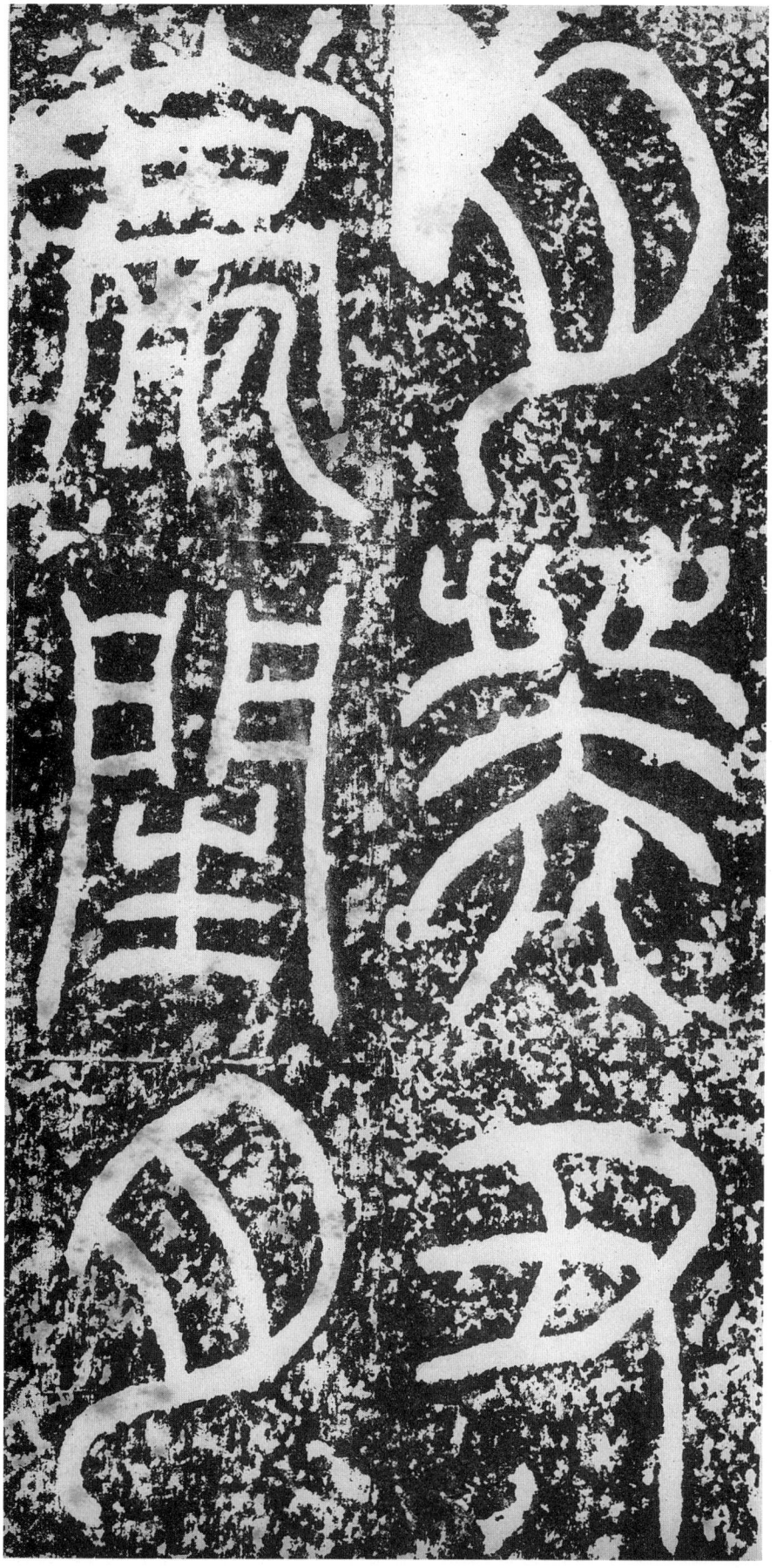

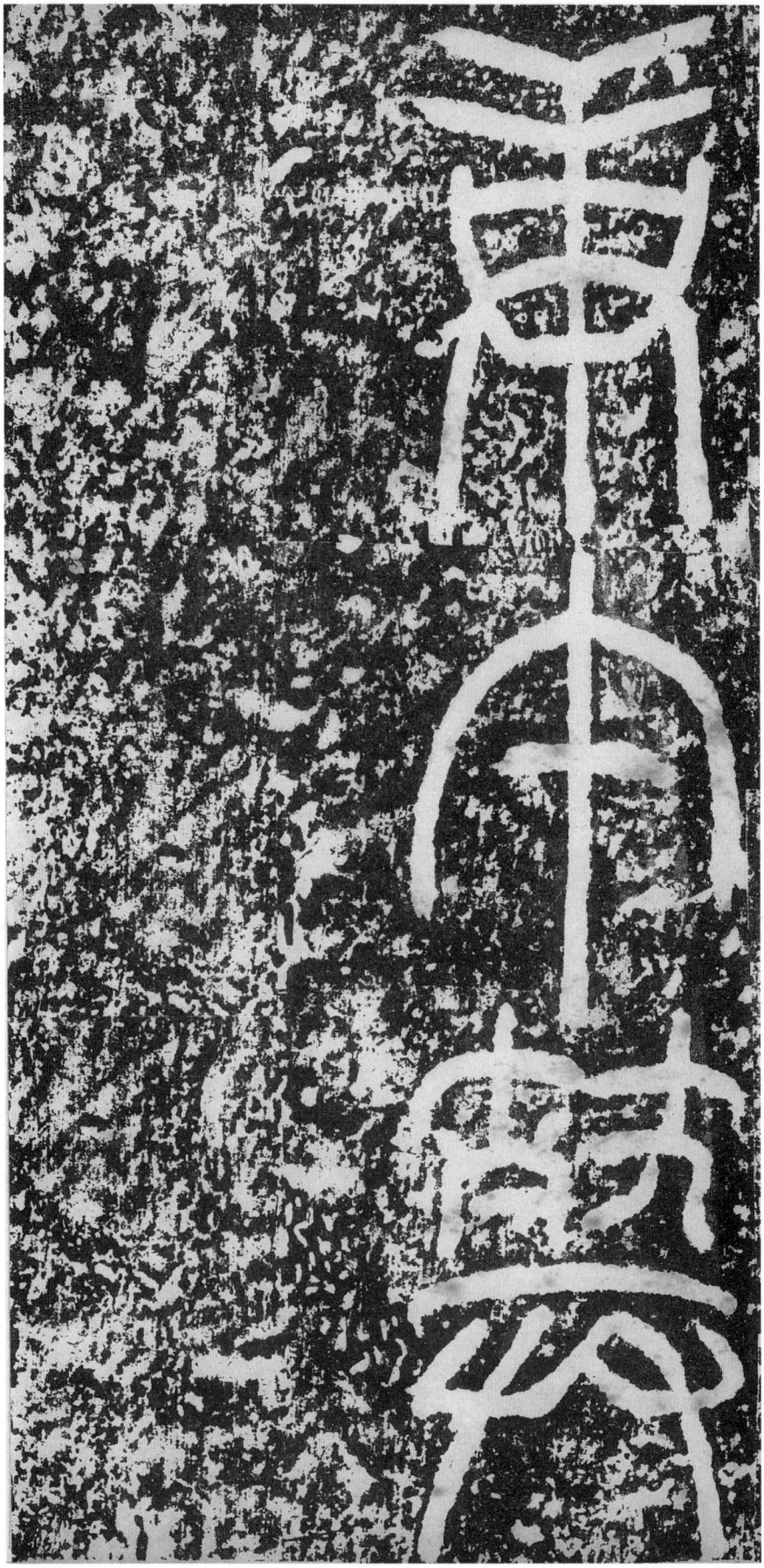

庚午葬

袁敞碑出土後八年而此碑始出碑之廣一如敞碑篆書十行行存十五字下截殘損行各闕一字計完碑當每行十六字碑穿居第五六行第七八字之處較他碑為低在漢碑中為僅見書體與敞碑如出一手而結構寬博筆勢較瘦余初見墨本以為偽造後與敞碑對勘始知二碑實為一人所書石之高廣亦同式也廣今營造尺二尺二寸六分高當為四尺六寸安卒於和帝永元四年碑稱孝和皇帝則非當時所立可知或敞葬時追立此碑未可知也

碑中所敘事蹟與後漢書明帝章帝和帝紀及本傳多合除郎中及給事謁者見後漢紀惟紀作郎謁者耳和帝加元服為永元三年正月甲子事詔安為賓見東觀漢記楚王英謀反明帝紀系之永平十三年十一月傳稱明年三府舉安能理劇拜楚郡太守歲餘徵為河南尹後漢紀云永平十三年十二月楚王英謀反十四

年夏四月故楚王英自殺於是有司舉能治劉者以袁安為楚郡
太守頃之徵入為河南尹碑稱十三年十二月丙辰拜楚郡太守
十七年八月庚申徵拜河南尹此二職遷拜年月並與袁紀范書
不合碑又云建初八年六月丙申拜太僕則與後漢紀所云為河
南尹十年之說正合是就職楚郡太守及河南尹之歲月當以碑
為正也召公傳作邵公亦當以碑為正汝南女陽又見西嶽華山
廟碑按漢書地理志汝南郡作汝女陽女陰並作女閼駰云本汝
水別流其後枯竭號曰死汝水故其字無水續漢書郡國志則皆
作汝疑縣名之字當本作女續漢志誤也今傳世封泥有汝南太
守章汝南尉印女陽左尉銅器中又有女陰侯鼎凡郡名皆作汝
縣名皆作女是其證也正作匜閏作閏薨作薨葬作葬並與六書
不合許叔重云鄉壁虱造不可知之書變亂常行以耀於世者此

類是也

碑中所紀干支以長曆推之悉皆符合其拜司徒之日為元和四年六月己卯按是月丁卯朔己卯為十三日章帝紀誤作癸卯非是月所應有當據碑以正之也

此碑可疑之點有三碑穿太低與他碑不同一也書法不如敞碑二也正閏等字不合六書三也二三兩點前已辨之惟碑穿之不中程式實不可解其可信之點亦有三汝南女陽與漢志及封泥文華山碑文合一也六月己卯拜司徒可訂正章帝紀癸卯之誤二也任城嚮屬東平章帝元和元年分東平為任城國以封劉尚續漢志據後者書之以屬任城國碑叙永平十年遷東平任城令與事實合三也凡此三點皆為人所易忽者作偽者焉能精細若此故余斷其必不偽也

茲補其闕文繪碑圖如左

司徒公汝南女陽袁安召公授易孟氏學

永平三年二月庚午以孝廉除郎中四年

十一月庚午除給事謁者五年正月乙□

遷東海陰平長十年二月辛巳遷東平任

城令十三年十○二月丙辰拜楚郡太

守十七年八月庚申徵拜河南尹建

初八年六月丙申拜太僕元和三年五月

丙子拜司空四年六月己卯拜司徒

孝和皇帝加元服詔公為賓永元四年三

月癸丑薨閏月庚午葬

右錄馬叔平社兄碑跋丙子孟春鶴廬丁輔之識于小沙渡

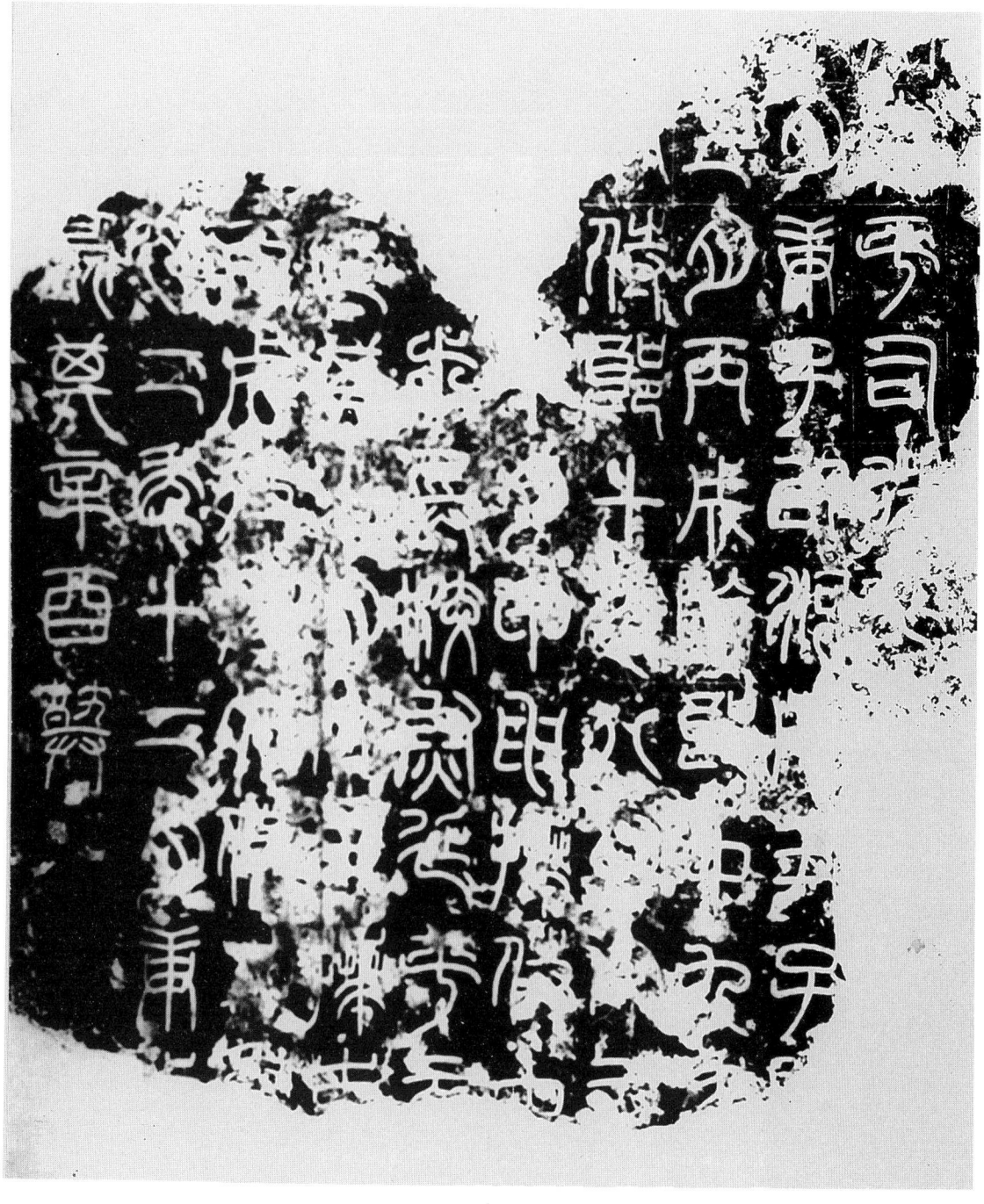

敞叔平司徒公

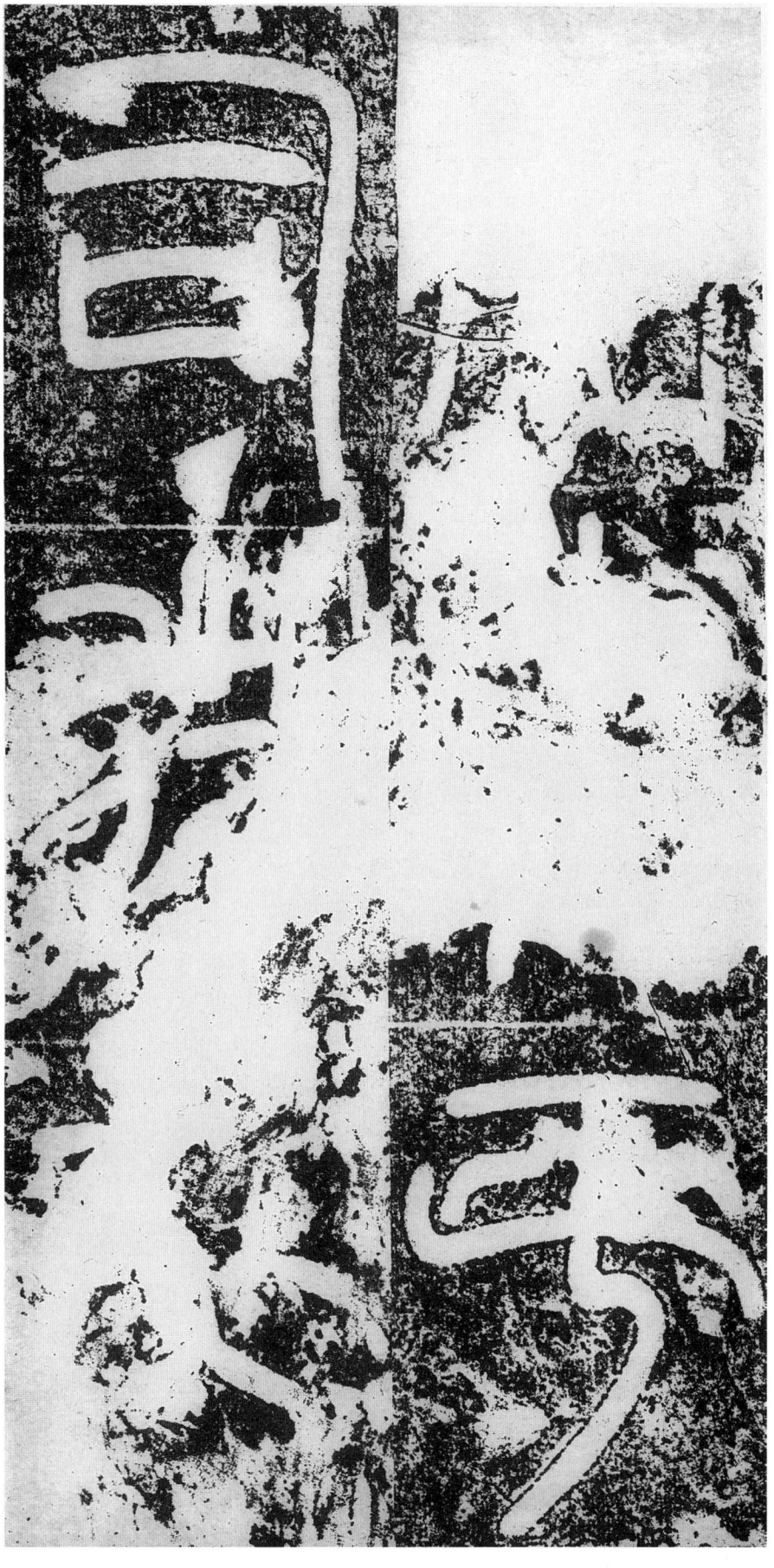

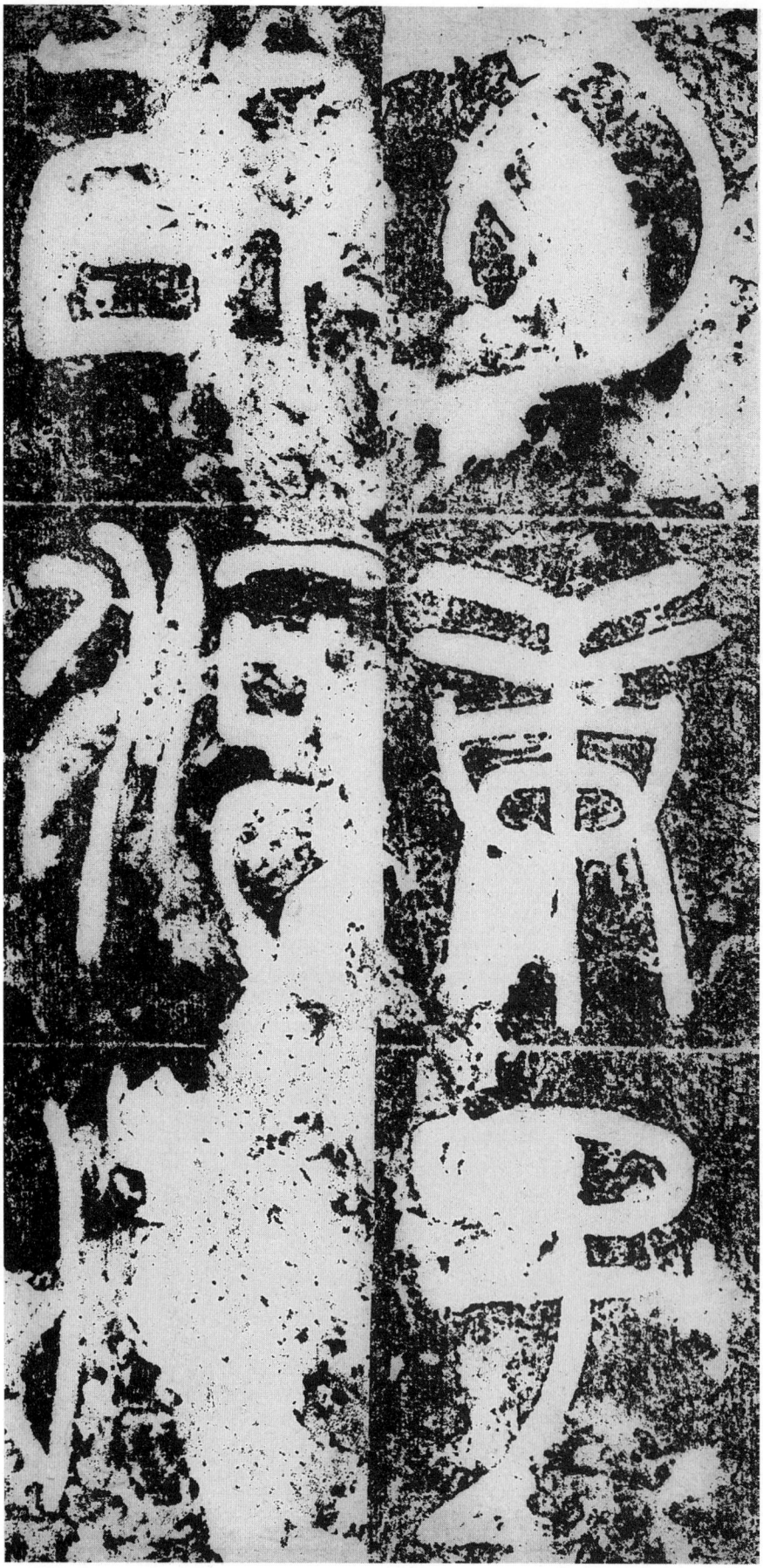

月庚子以河南

尹子　五月丙

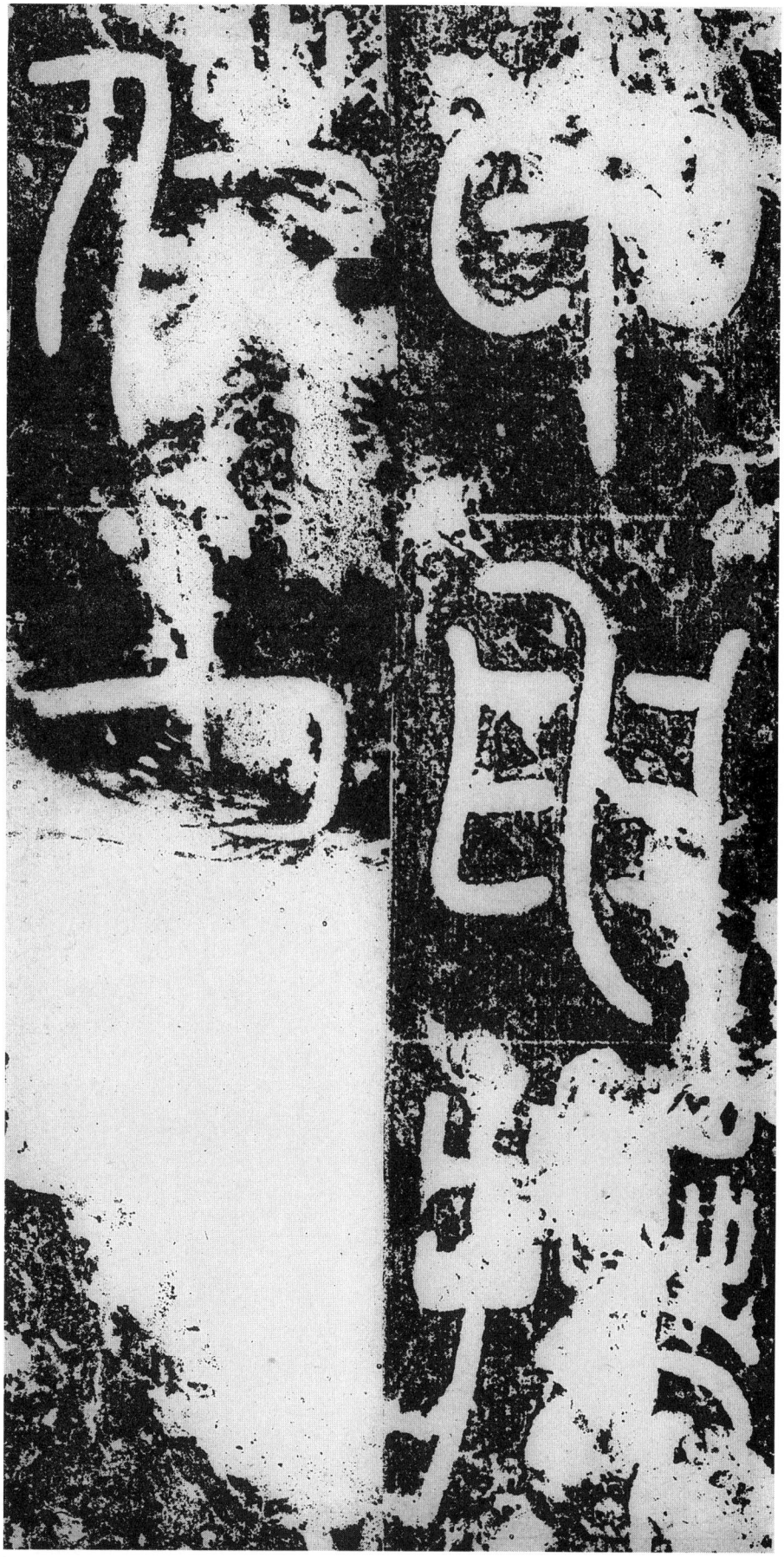

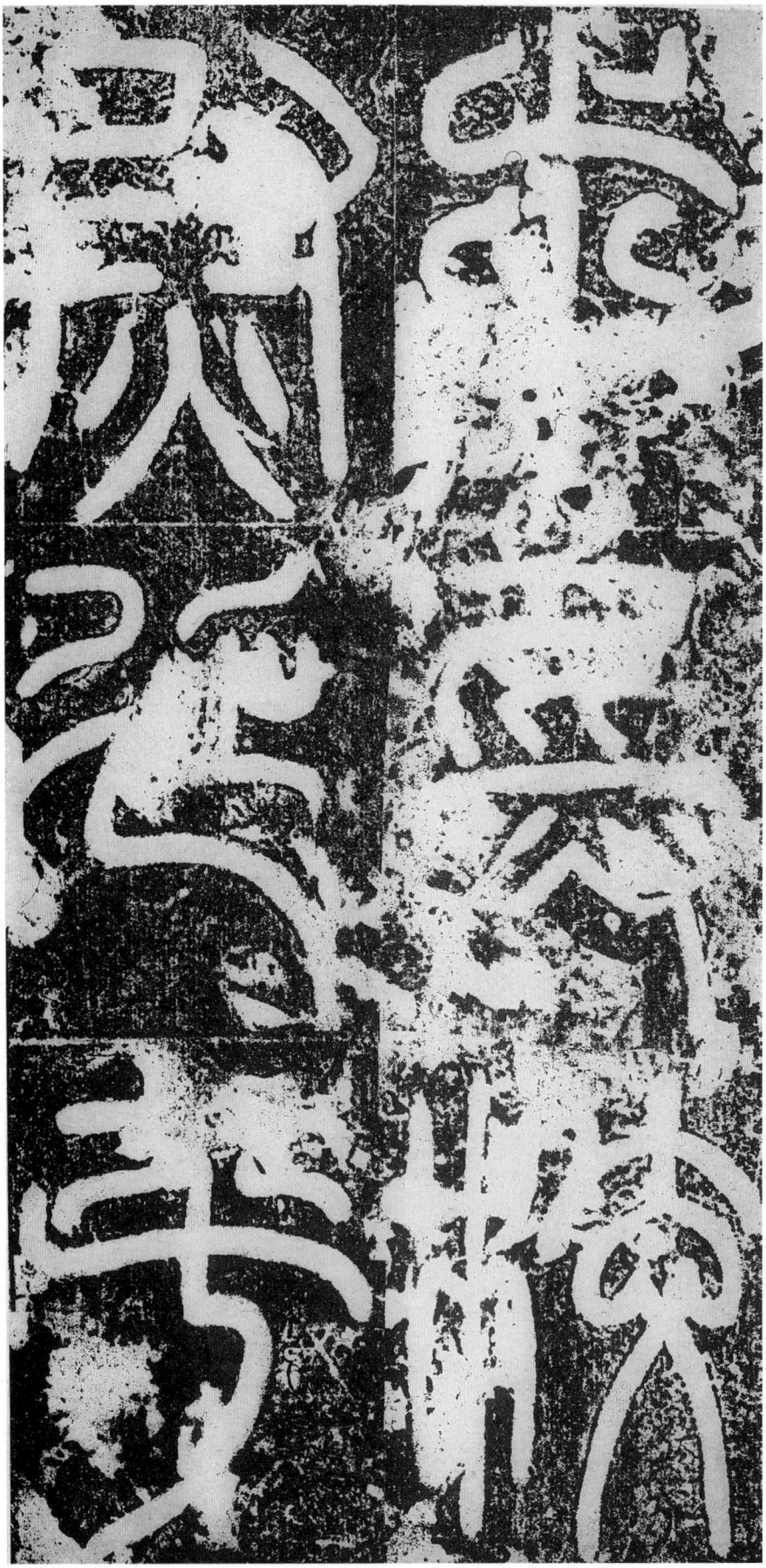

戍除郎中九年

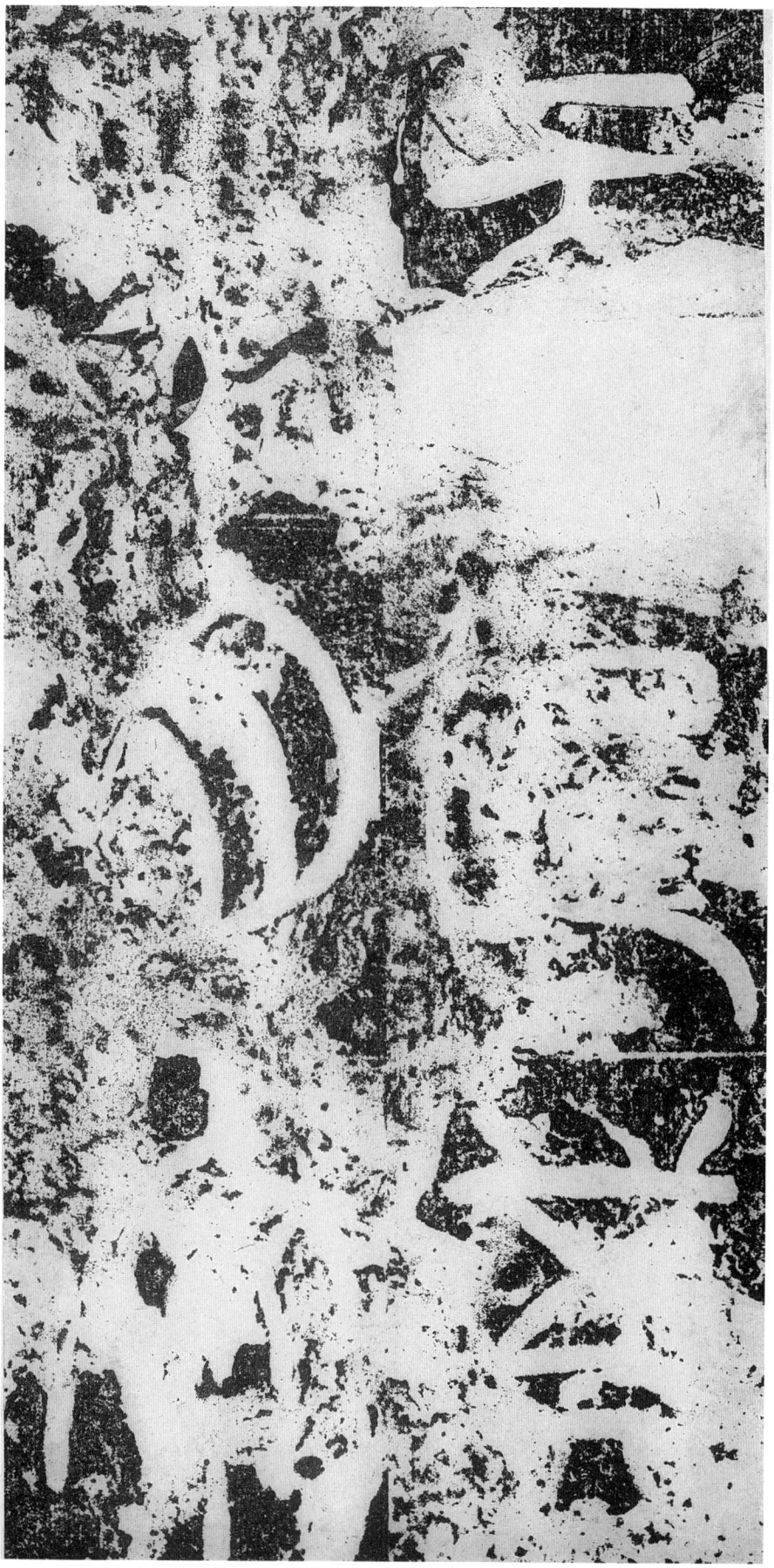

門侍郎十年八

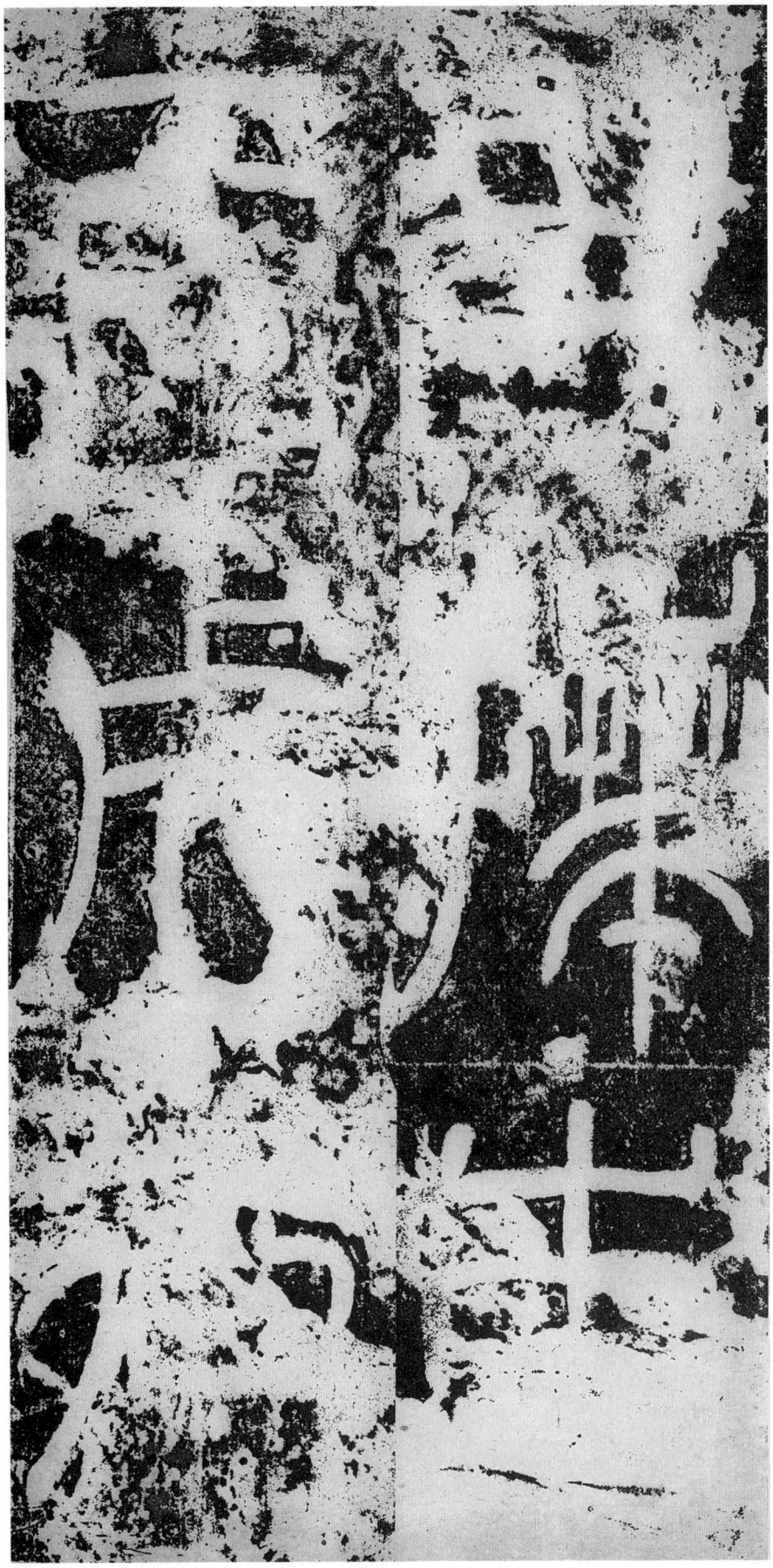

月丁丑　十月

申申拜侍中

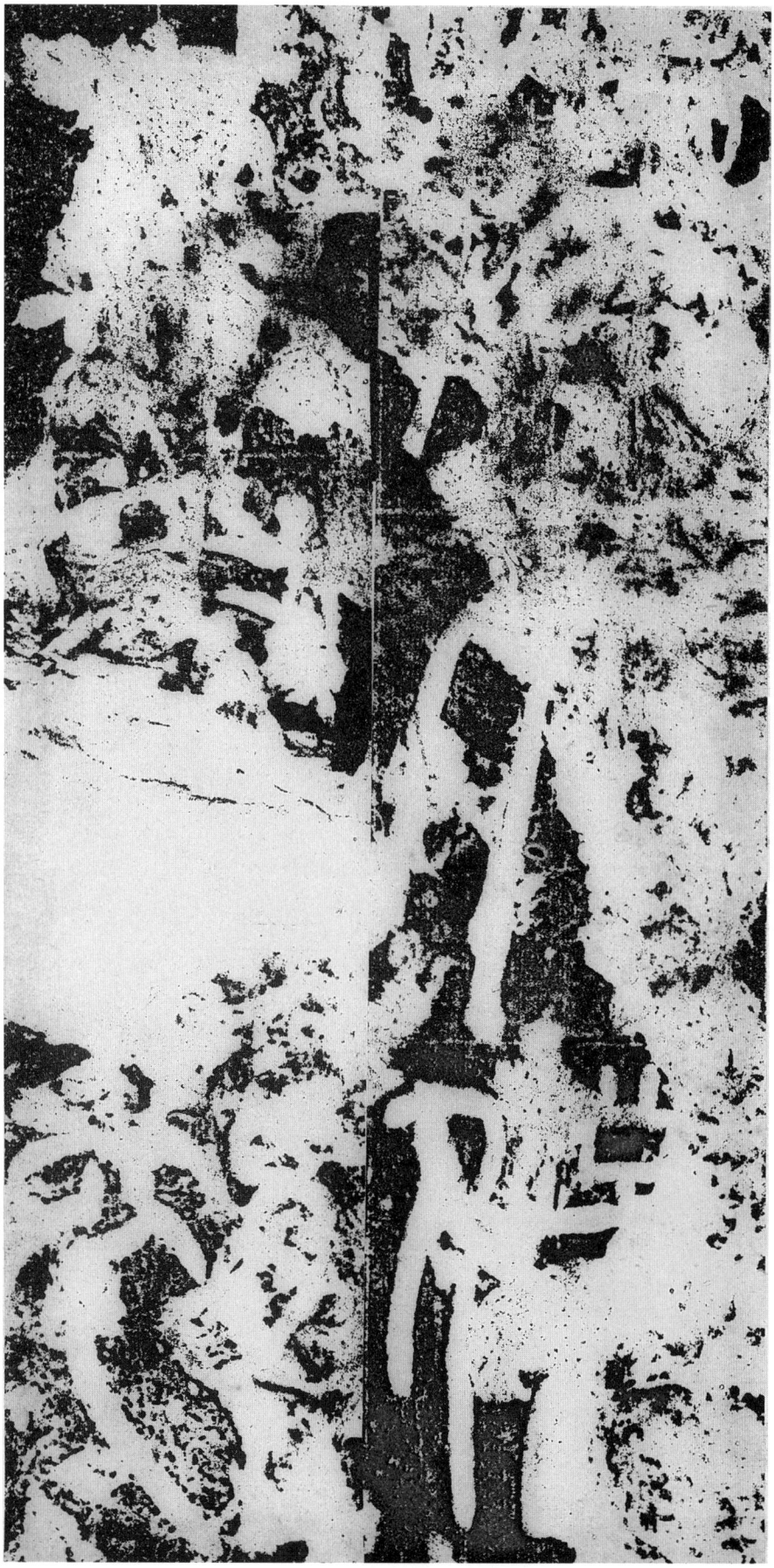

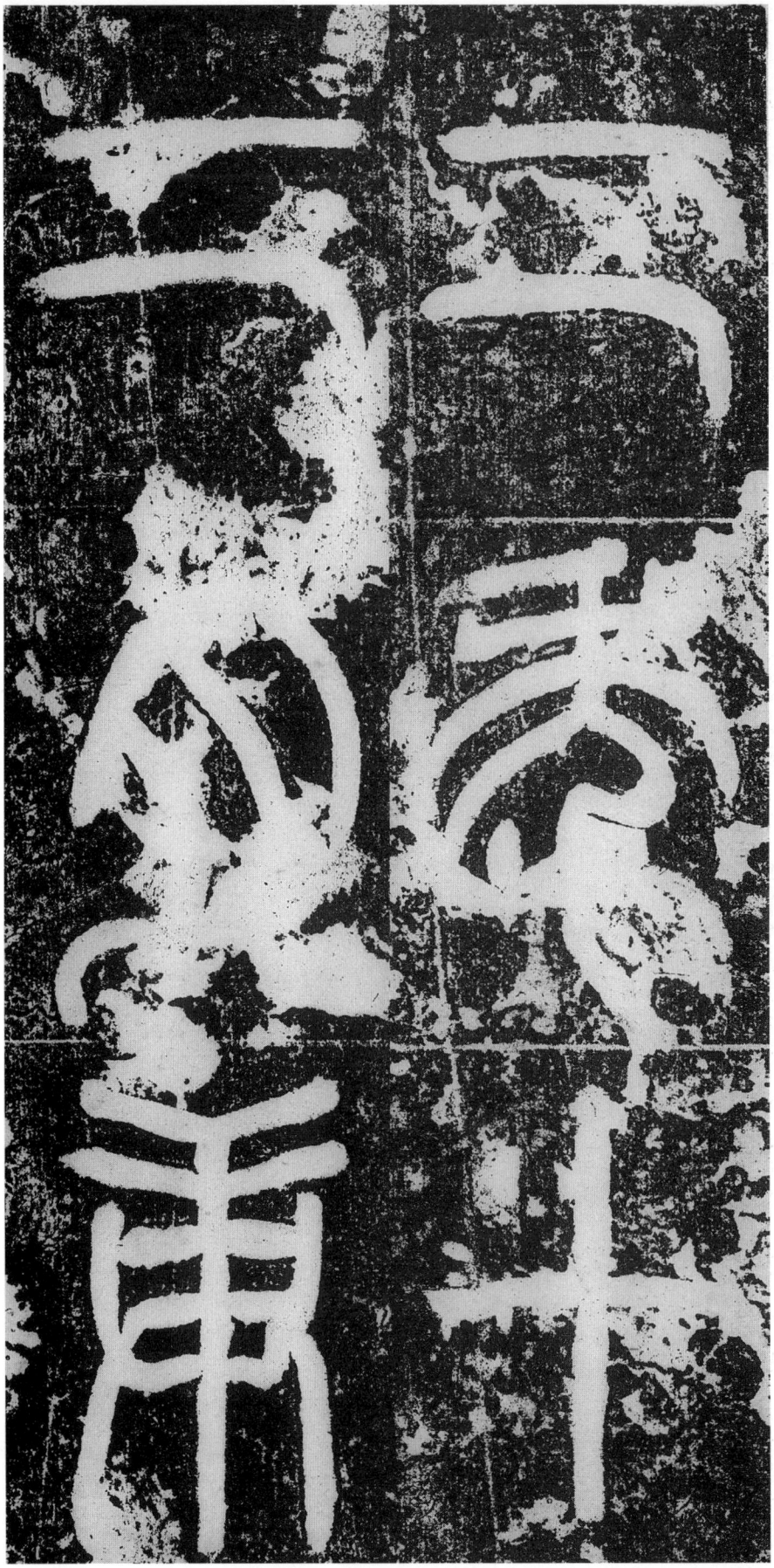

步兵校尉延年平

元　匠其七月丁

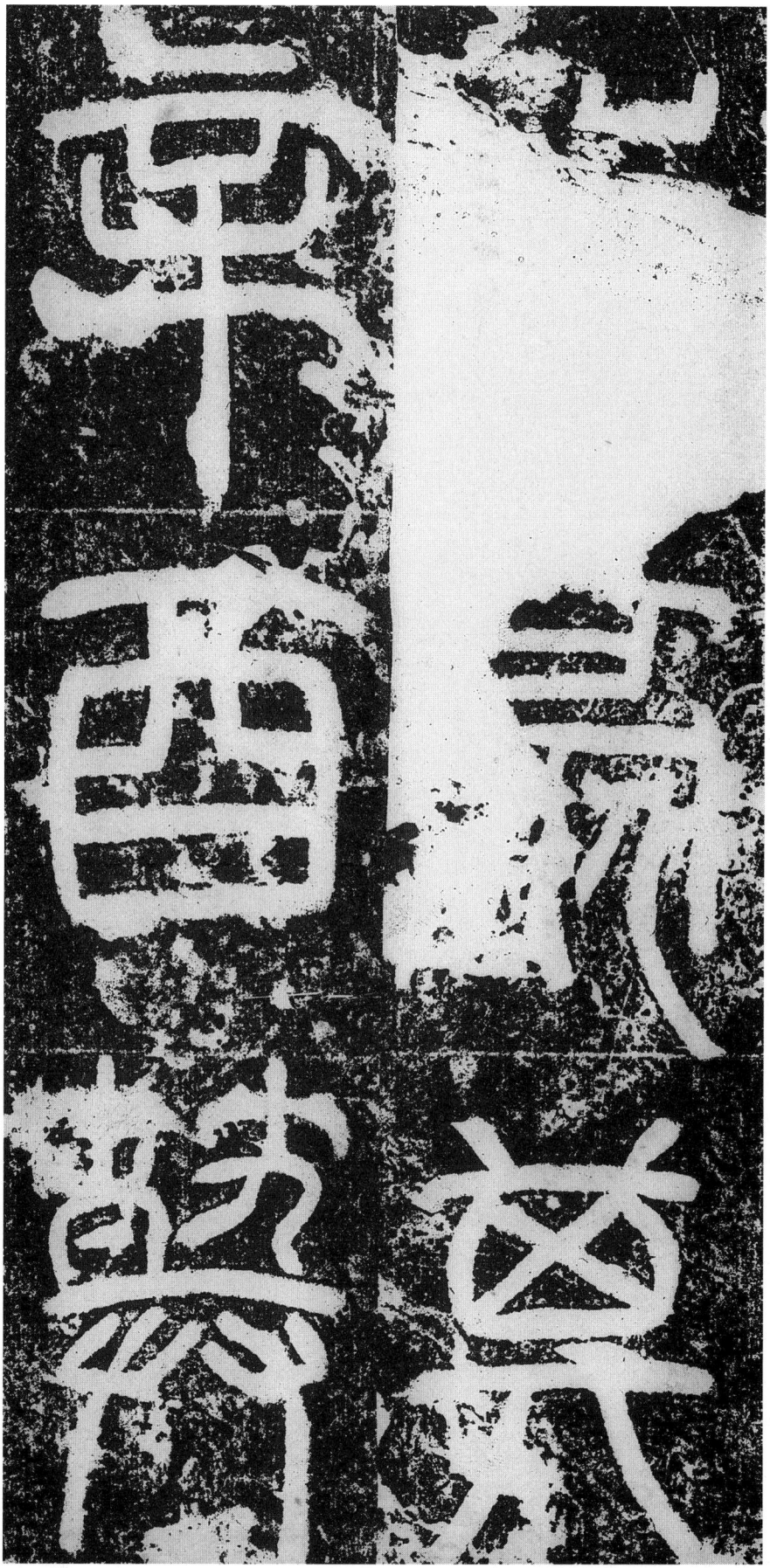

君諱敞字叔平司徒公之第三子　下闕

□□□□月庚子以河南尹子除太子舍人　下闕

□□□□五月丙戌除郎中九秊　下闕

□□□□黄門侍郎十秊八月丁丑　下闕

□□□□□十月甲申拜侍中　下闕

□□□□□步兵校尉延平元年　下闕

□□□將作大匠其十月丁丑拜東郡太守　下闕

□□□□□□丙戌徵拜太僕五秊　下闕

□□□□□元初二秊十二月庚戌拜司空　下闕

四年四月戊申薨其辛酉葬

此碑於十二年春出於洛陽篆書十行
存七十餘字是年冬始得拓本初不知
其爲誰氏之碑也以其有延平□初年
號知其爲東漢文字而已十三年夏取
此碑反復細繹見第九行□初二年十二月
庚戌等字在延平元年之後知所謂□初
者非永初必元初矣因檢後漢書安帝
紀元初二年是月是日有光祿勳袁敞爲
司空之文更取敞傳讀之歷官事實大
半相合始知確爲敞碑今取碑中存字以
今文釋之並攷證其事蹟如左

第一行當叙其名字及其所自出按本傳云敞字斌平此平字字上猶存二字驗其殘畫與字斌二字之結構正合其上當更有君諱敞三字司徒公者其父安也安終於司徒故云其下當有生第三子等字第二行月上所闕當爲四字以河南尹子云云者指安爲河南尹也漢儀注云吏二千石以上視事滿三歲得任同產若子一人爲郎漢書卷十一及文獻通考三十四並引之安於明帝永平末爲河南尹至章帝建初八年遷太僕凡歷十餘年尹秩二千石故得任子爲郎據本傳云以父任爲太子舍人以是知子字下當爲除太子舍人五字（除字旁當有點）惜月字上已闕不能知其除授年月第三行五月丙戌除郎中不能確知其年惟下有九年字四行有十年字六行有延平元年字建初以後延平以前有九年十年者祇有和帝永元以此推之其年必在永元九年生肖一年或二年蓋永元七年八年五月皆得有丙戌日也第四行侍郎上門字猶存殘畫當爲黃門侍郎其遷轉必仍在永元九年也十年八月丁丑者永元十年八月十六日也第五行拜侍中與

本傳合十月甲申系知應屬何年以永元十年至十四年十月皆得有甲申日廿第六行步兵校尉本傳系載延平元下當爲年字以上兩行遷居碑之中存字出上作半規形其界格中亦系類有字者知此兩行出第六第七字當爲碑穿廿第七行存字出首一字爲匠字當是將作大匠本傳謂歷位將軍大夫侍中疑將軍乃將作出誤其十月者其年十月廿拜下存東字之上半據本傳云出爲東郡太守知東字下當爲郡太字三字殤帝延平元年安帝永初元年十月皆無丁丑日永初二年至四年十月皆有丁丑系知此月當屬何年第八行丙戌徵拜太僕此丙戌系知屬於何年何月徵者徵還京師出謂廿時徵出守在外故曰徵拜五年者永初五年廿本傳云徵拜太僕光祿勳則五年下所闕當爲遷光祿勳出文按安帝紀是年正月甲申十五日光祿勳李脩爲太尉徵

或代脩爲出廿第九行初上一字雖闕然上行五年既屬永
初則此爲元初無疑庚下殘畫是戍字安帝紀元初二年十
二月庚戌廿九日光祿勳袁敞爲司空知此爲拜司空出年
月日矣本傳謂元初三年代鐳愷爲司空者蓋指其
任職出年廿第十行薨字上闕據帝紀於元初四年四月
戊申五日書司空袁敞薨則所闕者當爲四年四月戊申
等字其辛酉者四月十八日廿本傳謂敞望子市尚書郎
張俊交通漏泄省中語策免自殺俊得赦後朝廷薄敞
罪而隱其死以三公禮葬出記述較詳以碑書葬日計出
則張俊出得赦必在四月十八以前也

右録馬叔平衡漢司空袁敞碑攷

羅剌江民王禔時客京師

福齋 禔

《汉袁安袁敞碑》简介

《汉司徒袁安碑》简称《袁安碑》，高约一五三厘米，宽约七四厘米。篆书十行，每行十五字。下截残损，每行各缺一字，完碑应每行十六字。碑穿在第五、六行中间，为汉碑中所仅见。一九二九年在河南偃师县城南二十八里辛家村发现，原石出土地点不详。

《汉司徒袁敞碑》简称《袁安碑》，形制大小与《袁安碑》相仿。篆书十行，上下断缺，每行五至九字不等。碑穿在第五、六行中间。一九二三年春在河南偃师县出土。一九二五年为罗振玉购得，现藏辽宁省博物馆。

《袁安碑》与《袁敞碑》篆法相同，如出一手结构宽博，笔致遒劲。现据初拓本影印出版，供广大书法爱好者临习参考

《历代碑帖法书选》编辑组

二〇一六年三月

《历代碑帖法书选》修订说明

我国书法艺术有着悠久的历史和独特的风格，书家辈出，书法宝库十分丰富。为了适应广大初学者临习传统书法的迫切要求，以及书法爱好者欣赏学习的需要，文物出版社从二十世纪八十年代起陆续编辑出版了《历代碑帖法书选》系列图书。

这项出版工作得到了老一辈文博专家启功先生的悉心指导。启功先生说：要选取最好的版本，原大影印，以最低的价格，为初学者提供最佳的学习范本。正是在这样一种理念的指导下，文物出版社编辑出版的《历代碑帖法书选》受到了广大读者的欢迎。

时间已经过去了三十余年，这项编辑出版工作经过多位编辑同志的辛苦努力，现在又传到了新一代编辑的手中。由于图书一版再版，为了保证出版的质量，再现原拓的神采，重现墨迹的神韵，我们陆续对原稿进行整理，重新制版印刷。

今天我们仍力求以最低的价格为读者提供最好的临习范本。

《历代碑帖法书选》编辑组

二〇一五年五月